Über dieses Buch John Heartfield ist der Erfinder der Fotomontage. 1919 entstand seine erste Arbeit für die satirische Zeitschrift ›Jedermann sein eigener Fußball‹. Sie wurde verboten.
Der vorgeblichen Objektivität der Kamera setzt der Foto-Monteur Heartfield bewußt die subjektive Auswahl, den Ausschnitt entgegen. »Er stellt die Lügen der anderen zusammen und macht sie kenntlich«, schrieb Erich Fried zur Londoner Ausstellung von 1969.
›Krieg im Frieden‹ war vor zehn Jahren (1972) die erste Buchausgabe Heartfields in der Bundesrepublik. Der Band enthält die politischen Fotomontagen, die von 1930 bis 1938 in der ›A-I-Z‹ und später in der ›Volks-Illustrierten‹ erschienen. Die Gesamtbibliographie macht den Umfang seiner Arbeit erkennbar. Bestechend ist die Treffsicherheit dieser Zeit-Bilder. Für Aragon war Heartfields Kunst »das Messer ..., das in alle Herzen dringt«.

Zum Titel: Elf exilierte Schriftsteller, unter ihnen Ernst Bloch, Bertolt Brecht, Alfred Döblin, Lion Feuchtwanger, Heinrich Mann und Berthold Viertel, gründeten 1944 mit Wieland Herzfelde den Aurora Verlag New York. Er ist das Modell des Autoren-Verlages, dessen Erlöse nur zur Senkung der Ladenpreise, zur Erweiterung der Produktion und zur besseren Honorierung der Autoren verwendet werden durften. Herzfelde plante hier eine Ausgabe der Fotomontagen von John Heartfield. Am 5.5.45 schreibt Heartfield aus dem englischen Exil an seinen Bruder zu dem Vorhaben:
»... Ich will begründen, warum ich ›Krieg im Frieden‹ dem Titel ›Der Faschistenspiegel‹ für mein Buch vorziehen würde. ›Der Faschistenspiegel‹ klingt mir zu harmlos, zu sehr wie ›Der Pfaffenspiegel‹, ›Der Bürgerspiegel‹ oder gar ›Eulenspiegel‹. Ich weiß, dieser Anklang hat seine propagandistischen Vorzüge. Mir ist aber der Gedanke, den Schlächtern einen Spiegel vorgehalten zu haben, zu harmlos ... Dagegen liebe ich gerade den Anklang von ›Krieg im Frieden‹ an Tolstois ›Krieg und Frieden‹. Außerdem: ›Krieg im Frieden‹ bezeichnet genau die Zeitspanne vor dem Krieg, die meine Arbeiten behandeln. Meine Montagen waren als Waffen in dieser Zeit des Krieges im Frieden von uns gegen die Naziherrschaft gedacht, und umgekehrt waren sie bezeichnend für den Krieg, den die Nazis im sogenannten Frieden bereits eröffnet hatten ...« [Herzfelde: John Heartfield. Dresden: 1971, S. 92].

Angaben über die Mitarbeiter des Bandes befinden sich am Ende dieser Ausgabe.

John Heartfield

Krieg im Frieden

Fotomontagen zur Zeit
1930–1938

Mit Beiträgen von
Wieland Herzfelde, Konrad Farner und Heiri Strub
und einer Gesamtbibliographie der Fotomontagen
in der ›Arbeiter Illustrierte Zeitung‹
und der ›Volks-Illustrierte‹
von Friedrich Pfäfflin

Mit einem Nachwort
von Klaus Staeck

Fischer
Taschenbuch
Verlag

Fischer Taschenbuch Verlag
April 1982
durchgesehene und ergänzte Ausgabe
Umschlagentwurf: Klaus Staeck
unter Verwendung einer Montage von John Heartfield
Fischer Taschenbuch Verlag GmbH, Frankfurt am Main
Lizenzausgabe mit freundlicher Genehmigung des
Carl Hanser Verlages, München

Gesamtherstellung: Hanseatische Druckanstalt GmbH, Hamburg
Printed in Germany
680-ISBN-3-596-23465-4

Inhalt

Wieland Herzfelde

John Heartfields Fotomontagen zur Zeitgeschichte

Heartfields Produktion begann 1917. Was er vorher, seit etwa 1908, geschaffen hat: Zeichnungen, Aquarelle und Oelbilder in Wiesbaden, Plakate, Stoffmuster und andere kunstgewerbliche dekorative oder typografische Entwürfe in München, Mannheim und Berlin, zeichnete er, wenn überhaupt, mit seinem bürgerlichen Namen Helmut Herzfeld.
Die Begegnung mit dem zwei Jahre jüngeren Georg Gross in Berlin veranlaßte ihn, alle seine bisherigen Arbeiten zu vernichten. Sie waren herkömmlich-akademischer Art und drückten auf keine Weise jenen Zorn aus, den er gegen Spießer, Militär und – seit Kriegsausbruch 1914 – gegen den ganzen deutschen Obrigkeitsstaat hatte. Sie hielten keinen Vergleich aus mit den ätzenden Bildern und Zeichnungen seines neuen Freundes, dessen Kunst zu propagieren er sich spontan und leidenschaftlich zur Aufgabe machte. Die Zeitschrift ›Neue Jugend‹ [1916/17] und der Malik-Verlag [1917–1938] ermöglichten ihm die Erfüllung dieses kunsthistorisch bedeutsamen Vorhabens.
Die Freundschaft war gegenseitig. Beide anglisierten 1916 ihre Namen, Gross machte aus Georg: George und schrieb seinen Familiennamen fortan mit sz [statt mit ss], so daß er sich kurz wie das englische »boss« anhörte. Helmut nannte sich John Heartfield. Er protestierte damit gegen die von den Alldeutschen eingeführte Art, einander zu grüßen: »Gott strafe England!« – »Er strafe es!«
1928 schrieb Grosz in den ›Blättern der Piscator-Bühne‹: »Als John Heartfield und ich 1916 in meinem Südender Atelier an einem Maientage frühmorgens um 5 Uhr die Fotomontage erfanden, ahnten wir beide weder die großen Möglichkeiten, noch den dornenvollen aber erfolgreichen Weg, den diese Entdeckung nehmen sollte.« Grosz hätte nach unserer Ansicht allerdings besser den Ausdruck »Fotocollage«verwendet. Der wohl erste Vorläufer der Fotomontage findet sich auf der

Titelseite der Zeitschrift ›Jedermann sein eigner Fußball‹, deren einzige Ausgabe am 15. 2. 1919 erschien. Den Begriff Fotomontage gab es übrigens damals auch noch nicht.
Zwischen 1916 und 1920 entstand hingegen eine größere Zahl von Fotocollagen mit dem Gummistempel-Signum »Grosz-Heartfield mont«. Die Silbe mont. statt pinx bedeutete montiert, bezog sich aber nicht auf die Technik, sondern auf John, den Grosz und andere Freunde Monteur nannten, weil er mit Vorliebe einen blauen Monteuranzug trug. Um die Begriffsverwirrung auf die Spitze zu treiben, stellten die beiden Freunde als Berliner Dadaisten 1920 auf der ›Ersten [und einzigen] Internationalen Dada-Messe‹ u. a. die Wochenausgaben der ›Neuen Jugend‹ vom Mai und Juni 1917 aus. 1917 war aber in Berlin vom Dadaismus noch keine Rede. Und gleich den drei bis dahin erschienenen Grosz-Mappen wurde mancherlei ausgestellt, was eben deswegen für ein dadaistisches Erzeugnis gehalten wurde, aber keines war. Dadaismus war eine Art Kabarett. Da traten verschiedene Leute auf, deren Absichten, Ansichten und Begabungen sehr unterschiedlich waren. Was wir Dada-»Bewegung« nannten, war keine; alles geschah spontan und ohne Verpflichtung, ohne Organisationen nebst Büro, Akten, Kartothek und dergleichen.
Der Grafiker und Typograf Heartfield wurde durch den Fotomonteur nie ganz ausgeschaltet. So war er von 1920–1923 künstlerischer Leiter des Ausstattungswesens der Reinhardt-Bühnen. Er arbeitete zeitweise an Filmen mit. Leider gibt es nur wenige Belege seiner Arbeit für Veranstaltungen der Partei, für die damalige proletarische Bühnenbewegung in Berlin und für die Piscator-Inszenierungen. Zu seinen Mitarbeitern gehörten Fotografen; denn gewisse Fotos, die es in Archiven nicht geben konnte, mußten gestellt werden.
Als er anfing, für den Malik-Verlag und den Gustav Kiepenheuer-Verlag Buchumschläge mit Fotos zu machen, tat er es nicht als Dadaist. Und er dachte auch nicht an Fotomontagen. Er wollte für jedermann verständlich ein Bild vom Autor oder vom Thema des Buches vermitteln. Das führte zur Kombination verschiedener Fotos und schließlich zu der nur von ihm gemeisterten Technik, die später Fotomontage genannt wurde. Ein entscheidender Schritt zur Loslösung dieser neuen und überraschenden Kunst von der Zeitschriften- und Buchausstattung zugunsten verstärkter Aussage über aktuelle politische Vorgänge war die »Fotomontage zur Zeitgeschichte«. Heart-

fields erste Arbeit dieser Art hat die Inschrift ›Nach 10 Jahren: Väter und Söhne 1924‹. Das Blatt wurde am 4. 8. 1924 in ein Schaufenster der Malik-Buchhandlung gestellt zur Erinnerung an den Kriegsausbruch am 4. 8. 1914. Es war eine Warnung vor den wiedererstarkenden Kräften, die einen Revanchekrieg vorbereiteten.

Heartfields politisches Verhalten kam nicht von ungefähr. Seit Karl Liebknecht am 1. Mai 1916 öffentlich in Berlin zum Kampf gegen den Krieg aufgefordert hatte, brachten ihm revoltierende, zumeist junge Künstler begeisterte Verehrung entgegen. Die Große Russische Revolution im Oktober 1917 war für uns ein Ereignis, das kommen mußte, auch in Deutschland. Die Bolschewisten, von denen wir zum ersten Mal hörten, kämpften, das war uns klar, den Kampf aller Menschen, die diesen Namen verdienten. Genaueres wußten wir zwar nicht, nannten uns aber sogleich Bolschewisten, und in der Sylvesternacht 1918 traten wir in die tags zuvor gegründete kommunistische Partei ein. Für uns hieß das, unseren Beruf, den wir schon längst als Verpflichtung zum Widerstand gegen die Obrigkeit auffaßten, so auszuüben, daß wir der Partei und der Weltrevolution nützten. Doch bald gewannen in der jungen Republik die alten Mächte die Oberhand.

Erst 1927, als die ›Arbeiter-Illustrierte-Zeitung‹ im Kupfertiefdruck hergestellt wurde, fand John Heartfield das Medium zur Massenverbreitung seiner politischen Fotomontagen. 8 Jahre lang, ab Mai 1933 im Exil in Prag, schuf er für dieses erste große revolutionäre Wochenblatt fast regelmäßig Arbeiten, insgesamt mehr als 200 Blätter, für die unmittelbaren Bedürfnisse des Tages [ähnlich wie Majakowski und Weinert ihre Gedichte]. Ende der fünfziger Jahre sind sie in der DDR zu neuem Leben erwacht. Denn viele dieser Fotomontagen wirkten nun [und wirken heute noch] ebenso oder stärker als zur Zeit ihres Entstehens. Fast 2 Jahrzehnte lang schien sein Name fast vergessen zu sein. Im Exil in London, 1938–1950, fand er nur wenige Möglichkeiten, sich als agitatorischer Künstler zu betätigen. In der Deutschen Demokratischen Republik war er mehrere Jahre lang auf Arbeit für Verlage und Theater angewiesen. Ab 1957 aber, als er Mitglied der Deutschen Akademie der Künste wurde, die ihm eine repräsentative Gesamt-Ausstellung seines Werkes ermöglichte, ist er – auch über die Grenzen hinaus in vielen Ländern – als Klassiker einer modernen Kunst bekannt geworden. Und noch im letzten Jahrzehnt

seines Lebens hat er durch Plakate den Kampf für die alt-neuen Ziele fortgesetzt.
Im Herbst 1967 war Heartfield in Stockholm bei der Eröffnung einer Ausstellung seiner Werke – der letzten zu seinen Lebzeiten – im ›Moderna Museet‹ anwesend. Für den Katalog schrieb er damals unter dem Titel:

»Über meine Arbeit Berlin, 9. Juni 1967
Da wir im Atomzeitalter leben, würde ein dritter Weltkrieg eine Katastrophe für die ganze Menschheit bedeuten, von der wir uns eine ausreichende Vorstellung keineswegs machen können. Vor Ausbruch des zweiten Weltkrieges, am 13. Oktober 1937, machte ich eine ›Mahnung‹ überschriebene Fotomontage. Kinobesucher erblickten Schreckensszenen, verursacht durch einen japanischen Fliegerangriff auf die Fernöstliche Mandschurei. Die Unterschrift der Montage lautet: ›Heute noch seht ihr im Film den Krieg in anderen Ländern. Doch wisset: wenn ihr nicht einig euch wehrt, mordet er morgen auch euch!‹ Der Ausrottungskrieg gegen das heldenhaft für seine Existenz kämpfende vietnamesische Volk ließ mich die erste Zeile dahin verändern, daß sie nun lautet: ›... seht ihr im Film den Krieg im fernen Vietnam.‹ Nun ist Krieg bereits im Nahen Osten! Kurz vorher wurde in Griechenland jede demokratische politische Regung erstickt vom monarcho-faschistischen Putsch. Es brennt schon vor der Türe!
Jetzt müssen die friedfertigen Menschen aller Länder noch enger zusammenarbeiten und alle für die Stärkung und Rettung des Weltfriedens ihre Kräfte mobilisieren, da kriegslüsterne Machthaber wiederum zum Krieg drängen. Und wie der Bürgerkrieg in Spanien den Faschisten Übungsfeld für den zweiten Weltkrieg war, so gefährden die jetzigen Kriege den Frieden der Welt. Picasso unterstützte mit seinem berühmten Gemälde Guernica die heldenhaften antifaschistischen Kämpfer Spaniens. Er folgte seinem Vorfahren Goya im Kampf gegen den Krieg. Er schuf auch die herrliche Lithographie der weltbekannten freifliegenden Friedenstaube. Damit sie nicht mehr auf ein Bajonett aufgespießt werde [wie gezeigt, auf einer meiner Montagen], müssen alle friedliebenden Menschen, gleichgültig welcher unterschiedlicher politischer Meinungen, sich aufs engste zusammenschließen, im Kampf zur Erhaltung des Friedens.
Mein Bruder Wieland Herzfelde, mein steter Helfer und im-

merwährender Mitkämpfer gegen Ausbeutung und Krieg, schrieb ein Gedicht, ›Des Friedens Soldaten‹ betitelt. Es beginnt:

›Wir sind des Friedens Soldaten
keiner Nation
und keiner Rasse Feind.‹

Es endet:

›Völker euern Kindern
bleibe erspart der Krieg.
Den Krieg zu verhindern,
sei unser Sieg.‹

Diesem großen Sieg gilt seine und meine ganze künstlerische Arbeit seit unserer frühesten Jugend.«

Diese Worte, die seine Abschiedsworte wurden, bleiben für uns, die heute leben, und auch für kommende Generationen gültig.

Konrad Farner

Notiz zu: John Heartfield in der Geschichte

Der Titel: John Heartfield in der Geschichte ist doppeldeutig gefaßt: die Stellung Heartfields in der Geschichte der Kunst und Heartfield als geschichtstätiger Künstler.
Die Stellung Heartfields in der herkömmlichen Kunstgeschichte ist noch nicht eingehend beschrieben, obwohl er zu den Großen des 20. Jahrhunderts gehört. Gleichgültig, wer der eigentliche »Erfinder« der Photomontage ist – es streiten sich um die Erstgeburt verschiedene Geister und dies ist auch nebensächlich –, festzuhalten ist, daß Heartfields Montagen geschichtsbildend und wegweisend wurden. Und dies in mehrfachem Sinne: Seine Kunst war eine neue Möglichkeit des schöpferischen Tuns, sie war durchgehend eine politische Aktion, und sie war, um mit Walter Benjamin zu sprechen, im Zeitalter der Reproduzierbarkeit der Kunst neben der herkömmlichen Graphik ein völlig neues Element.
Das zwanzigste Jahrhundert steht in der Nachfolge der gewaltigen Kunst-Revolution, die in den achtziger Jahren des neunzehnten Jahrhunderts mit dem Dreigestirn Cézanne, van Gogh und Gauguin begonnen und dann einerseits in der École de Paris mit Matisse und Picasso, Braque und Modigliani, mit Lurçat, Gris und Léger und andern, mit den Futuristen in Italien, den Expressionisten in Deutschland und den Abstrakten in Rußland den ersten Höhepunkt erreichte. Es war die große Revolte der Malerei und Plastik, die jedoch, was das Material anbetrifft und die Gestaltung, weitgehend im einmalig geschaffenen Einzelwerk verblieb; sie war diesbezüglich noch im Raume der bürgerlichen Kunst, die mit Giotto vor sechshundert Jahren ihren Anfang nahm.
Heartfield ist aus dieser Generationen umfassenden Tradition ausgebrochen: Er schuf nun »Bilder«, die er aus Photomontagen und Texten montierte, die er sozusagen optisch umsetzte. Er wurde zum Neuerer schlechthin, nicht nur ein Neuerer der Form und der Komposition wie die Fauves und die Expressio-

nisten, die Futuristen und die Kubisten oder die Abstrakten, also der »Qualität«, sondern, in dialektischer Verbindung, auch der »Quantität«. Die neue Qualität als neue Form und neuen Inhalt verband sich mit einer neuen Quantität als Reproduktion, als Zeitungsdruck in immenser Auflage, losgelöst von der herkömmlichen Graphik, Teil eines direkt wirkenden Massenmediums. Bedeuteten Photographie und Film einen Umbruch der künstlerischen, optischen Gestaltung sondergleichen, so waren die Photomontagen Heartfields das revolutionäre Resultat dieser beiden neuen künstlerischen Möglichkeiten: revolutionär, weil sie die seit der Renaissance unabdingbare Identität von Kunstwerk und Ware beiseiteschoben und den Handel aufhoben. Nicht mehr wird geschaffen für Räume und Wände von Häusern, Sälen und Stuben, sondern für das Volk im umfassenden und direkten Sinne.
Sie bilden somit den denkbar größten Gegensatz zu jeder Abstraktion und Individualisation; das Auge ist nicht mehr ausgerichtet auf die einmalige schöpferische Persönlichkeit, die sich im Tafel- oder Wandbild, in der Plastik oder in der Graphik manifestiert, sondern auf die allgemeine, kollektive Direktaussage. Nicht nur das: Heartfields Montagen stehen ebenfalls im stärksten Gegensatz zu allen Äußerungen des DADA und all dessen Nachfolgern bis hin zu den jetzigen Happenings, weil sie, auch hierin dialektisch, die Absage an die herrschende bürgerliche Welt als Konstatierung oder als Analyse, als Anklage verbinden mit der Sicht und dem Bewußtsein einer grundsätzlich konstitutiven Alternative, die sehr eindeutig politisch und sozial vorgetragen wird.
Hier ist Heartfield tatsächlich der bedeutende Nachfolger von Goya und Daumier; er ist zugleich der Überwinder der École de Paris und der Abstraktion; er ist der aktive Revolutionär. Seine Stellung in der Geschichte der Demokratie und des Sozialismus, der Arbeiterbewegung und des Klassenkampfes ist gekennzeichnet durch seine Stellung in der Geschichte der Kunst, und sie ist getragen durch seine Stellungnahme als *homo politicus,* weil er sich im doppelten Sinne eingebettet weiß in die lehrende und lernende Arbeiterschaft. Heartfield vereinigt die Essenz einer neuen Kunst mit der Existenz einer neuen Politik. Die Realdialektik ist unvergleichlich, und nur Majakowskij oder Brecht in der Literatur stehen in seiner Nähe. In der bildenden Kunst hat er außer Daumier und Courbet nicht seinesgleichen.

Er durchbricht somit alle herkömmlichen Schranken und Begriffe der Kunstgeschichte, mehr als Picasso oder Mondrian, als Kandinsky oder Klee; ja, er ist, gerade im Gegensatz zu diesen großen Meistern der Moderne, die bereits historisch geworden sind, der Künstler, der über sie hinaus weist, formal wie inhaltlich, materiell wie geistig. Er ist Kenner, Erkenner und Bekenner in einem, er ist Realist, weil er die Welt nicht nur darstellt oder erforscht, sondern auch ändert. Er ist die stärkste Antithese zum Gestern und ist zugleich die neue These des Morgen. – Seine umfassende Biographie als Kunstgeschichte *und* Geschichte, als Politicon *und* als Realdialektik ist noch nicht geschrieben.

Fotomontagen zur Zeit aus der
›Arbeiter Illustrierte Zeitung‹ [1930–1936]
und der ›Volks-Illustrierte‹ [1936–1938]

In der ›AIZ‹ und in der ›VI‹ erschienen insgesamt 236 signierte Fotomontagen von John Heartfield. Eine Montage erschien 1930 als Titelblatt zu einer Wahlzeitung der ›AIZ‹. Daneben entstanden weitere »Fotomontagen zur Zeitgeschichte«, die hier unberücksichtigt bleiben mußten. Die Gesamtbibliographie [S. 112–135] verzeichnet, nach Jahren geordnet und numeriert, alle nachweisbaren Arbeiten, die grundsätzlich nach dem Original reproduziert wurden. [1/30] heißt also: Fotomontage Nr. 1 aus dem Jahre 1930 usw. Gegenüber der ersten Ausgabe dieses Buches von 1972 konnten einige Korrekturen vorgenommen werden, die auch die Nummerierung betreffen. Unter den Abbildungen werden jeweils die Nummern genannt, unter denen sie in der Gesamtbibliographie eingeordnet sind. Bildunterschriften [BU] oder Bildinschriften sind nur dann abgedruckt worden, wenn das Blatt nicht abgebildet werden konnte. Die Anlässe oder Anregungen [A] mußten auf knappste Angaben beschränkt bleiben. Die ›AIZ‹ erschien am Anfang ohne Datum, die ›VI‹ blieb im letzten Jahr unpaginiert. Umschlagseiten [US] werden eigens ausgewiesen. Wenn die Titelaufnahme nach der 2. Ausgabe erfolgt, weil die 1. Auflage konfisziert wurde, ist das vermerkt.
Die Abbildungen [5/33], [6/33] und [25/33] wurden nach einer Mikrofilm-Vorlage reproduziert, weil Originalausgaben der entsprechenden Nummern der ›AIZ‹ nicht zugänglich waren. Qualitätseinbußen in der Bildwiedergabe mußten dabei in Kauf genommen werden, um die Authentizität der Originalveröffentlichung zu erhalten. Die bisher publizierten Nachdrucke weisen zum Teil erhebliche Veränderungen auf.
Alle Abbildungen werden chronologisch abgedruckt, mit einer Ausnahme: Den Auftakt bildet *das* Blatt, das Hitlers erste große Erfolge bei den Reichstagswahlen am 14. 9. 1930 thematisiert. »Mit Gott für Hitler und Kapital« ist der Anfang vom Ende.

F. P.

6 Millionen Naziwähler: Futter für ein großes Maul

„Und den Fisch hab' ich gewählt!“

[8/30] **6 Millionen Naziwähler: Futter für ein großes Maul.** A: Am 14. 9. 30 erhält die NSDAP 6,4 Millionen Stimmen [18,3%] bei den Neuwahlen zum Reichstag. Sie wird die zweitstärkste Fraktion. – In: Nr. 40, S. 783.

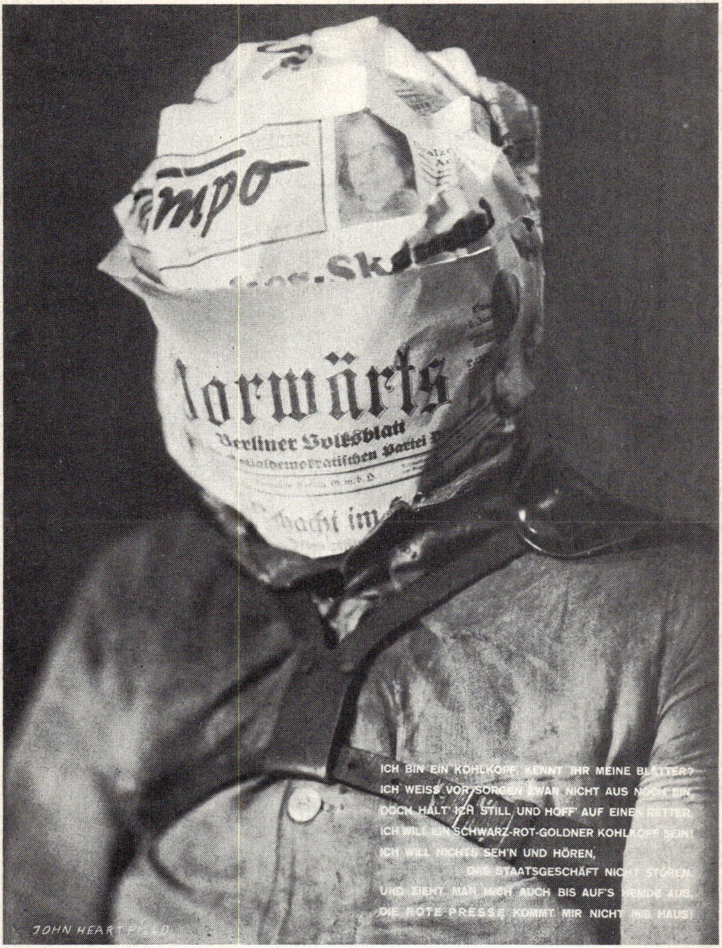

WER BÜRGERBLÄTTER LIEST WIRD BLIND UND TAUB.
WEG MIT DEN VERDUMMUNGSBANDAGEN!

[1/30] **Wer Bürgerblätter liest wird blind und taub.** A: ›Vorwärts‹ und ›Tempo‹ waren Parteiblätter der SPD, die nach den Reichstagswahlen 1928 eine große Koalition mit den bürgerlichen Parteien unter Ausschluß der KPD gebildet hatten. – In: Nr. 6, S. 103.

SONNENFINSTERNIS AM „BEFREITEN“ RHEIN

Hindenburg: „Brav pariert, lieber Braun!“

[6/30] **Sonnenfinsternis am »befreiten« Rhein.** A: Die Interalliierte Rheinlandkommission räumt im Sommer 1930 vorzeitig die zweite und dritte Zone des besetzten Rheinlandes. Zwischen der SPD [Otto Braun, r.] und der bürgerlichen Regierung Brüning unter dem Reichspräsidenten Hindenburg [l.] kommt es zu einer Annäherung. – In: Nr. 31, S. 603.

Das tote Parlament

Das blieb vom Jahre 1848 übrig!
So sieht der Reichstag aus, der am 13. Oktober eröffnet wird.

[10/30] **Das tote Parlament**. A: Der Zentrumspolitiker Brüning regiert gegen die oppositionelle KPD, DNVP und NSDAP mit Hilfe des § 48, der »zur Wiederherstellung der öffentlichen Sicherheit und Ordnung ... die Hilfe der bewaffneten Macht« zuläßt. – In: Nr. 42, S. 823.

[12/30] **Ein neues Jahr!** – In: Nr. 52, S. 1023.

Zum Krisen-Parteitag der SPD

Die Sozialdemokratie will nicht den Zusammenbruch des Kapitalismus. Sie will wie ein Arzt zu heilen und zu bessern versuchen (Fritz Tarnow, Vorsitzender des Holzarbeiterverbandes)

FOTO-MONTAGE: JOHN HEARTFIELD

Die Tierärzte von Leipzig: **„Selbstverständlich werden wir dem Tiger die Zähne ausbrechen, aber zunächst einmal müssen wir ihn gesundpflegen und herausfüttern."**

[2/31] **Zum Krisen-Parteitag der SPD.** A: Die SPD toleriert die »Notstandsmehrheit« der Regierung Brüning. Klassenkämpferische und ideologische Prinzipientreue werden der Devise »Alles, nur nicht Hitler« untergeordnet. – In: Nr. 24, S. 477.

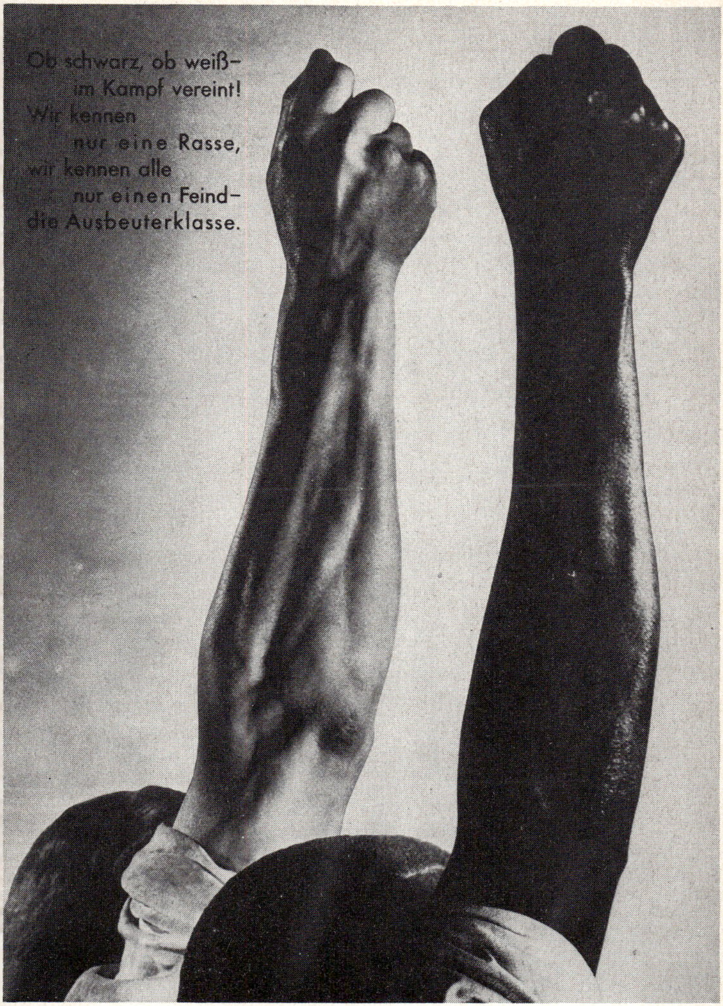

[3/31] **Ob schwarz, ob weiß, – im Kampf vereint!** A: In Alabama/USA stehen 8 »Neger-Jungarbeiter« im Alter von 14 bis 20 Jahren vor Gericht, angeklagt, sich an einem weißen Mädchen vergangen zu haben. Am 13. und 14. 6. 30 demonstrieren am Tag der IAH in Deutschland Hunderttausende gegen das Urteil der Rassenjustiz. Die Angeklagten werden freigesprochen. – In: Nr. 26, S. 517.

KRIEG UND LEICHEN — DIE L

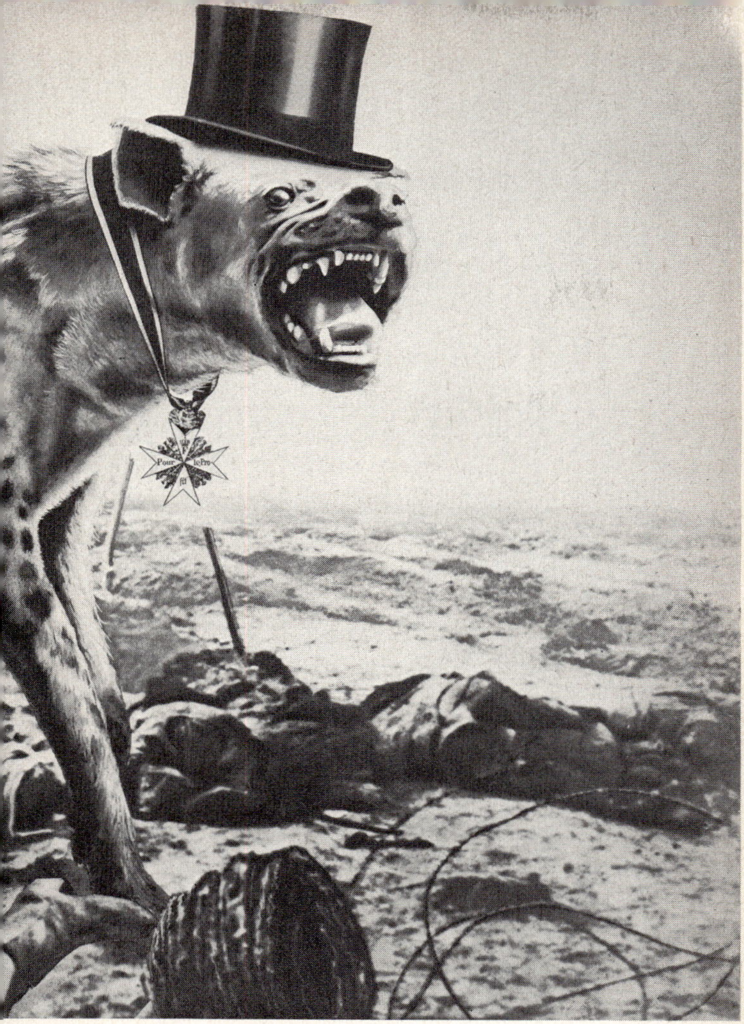

ZTE HOFFNUNG DER REICHEN

[1/32] **Krieg und Leichen – die letzte Hoffnung der Reichen.** A: Zum 15. Jahrestag der russischen Maidemonstrationen von 1917 gegen den Krieg. Die Losung der KPD bei den Präsidentenwahlen war: »Wer Hindenburg wählt, wählt Hitler, wer Hitler wählt, wählt den Krieg!« – In: Nr. 18, S. 420/421.

[2/32] **In diesem Zeichen will man euch verraten und verkaufen!** A: Goebbels proklamiert 1932: »Keine Arbeitsstelle ohne Nazizelle«, die sogenannte »Hib«-Aktion [»Hinein in die Betriebe«]. Die Nationalsozialistische Betriebszellenorganisation zum Kampf gegen den »Betriebsmarxismus« zählt Mitte des Jahres 100 000 Mitglieder. Heartfield charakterisiert die Verbindung von NSDAP und Hochfinanz. – In: Nr. 27 v. 3. 7., S. 627.

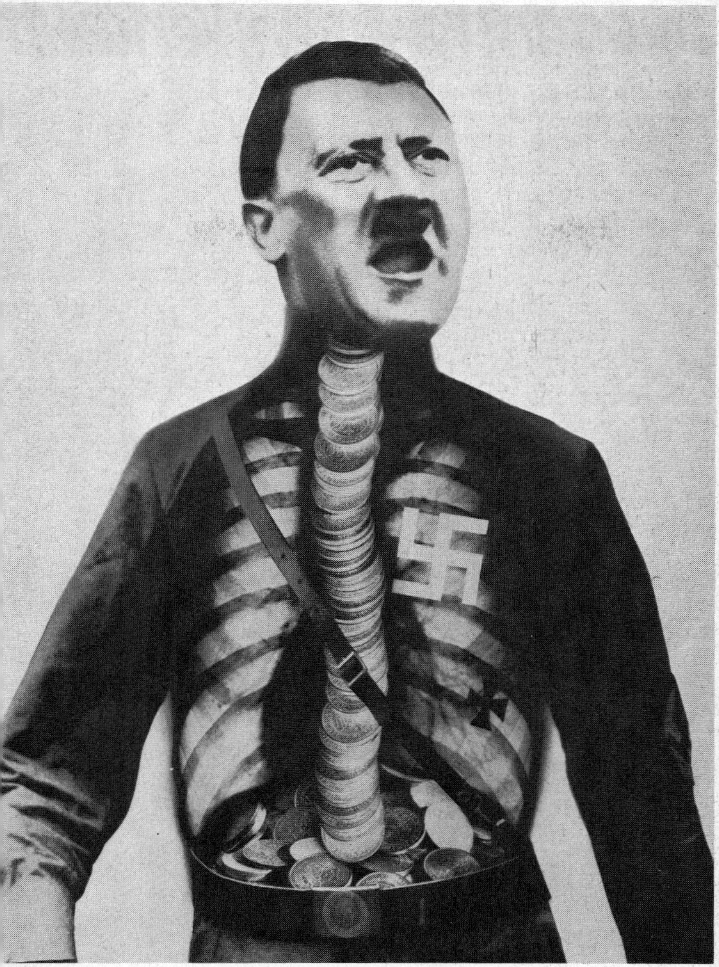

ADOLF, DER ÜBERMENSCH: **Schluckt Gold und redet Blech**

[4/32] **Adolf, der Übermensch.** – In: Nr. 29 v. 17. 7., S. 675.

S.M. ADOLF

Fotomontage: John Heartfield

Ich

führe Euch herrlichen Pleiten entgegen!

[6/32] **S.M. Adolf.** A: Adolf Hitler, in der Uniform Wilhelms II., variiert dessen Versprechen: »Ich führe Euch herrlichen Zeiten entgegen!« – In: Nr. 34 v. 21. 8., S. 795.

[7/32] **Wollt ihr wieder fallen, damit die Aktien steigen?!** A: Hitler proklamiert offiziell friedliche Ziele. Seine Partei aber wird durch die Rüstungsindustrie unterstützt. – In: Nr. 35 v. 28. 8., S. 819.

[11/32] **Der Sinn des Hitlergrusses.** A: Die Unterstützung Hitlers durch Großindustrie und Hochfinanz. – In: Nr. 42 v. 16. 10., S. 985 [US 1].

Es kam ein Mann aus Österreich
Versprach dem Volk das Dritte Reich:
„Ich führ' heraus euch aus der Not!"
„Heil Hitler!
Schlagt die Roten tot!"

Es kam ein Mann aus Afrikar,
Der niemals dort gewesen war,
Ein schwergeprüfter Patriot.
„Heil Daubmann!
Schlagt den Franzmann tot!"

Der falsche Daubmann hatte Pech
Er trieb's ein bißchen gar zu frech.
Der ruhmbedeckte deutsche Held
Hieß Hummel
Und log a u c h für's Geld.

Der große Adolf schwätzt noch munter
Das dümmste Zeug vom Himmel runter.
Das Kapital hält ihn noch aus
Den Retter
Aus dem Braunen Haus.

Herr Hitler ist ein zweiter Hummel.
Macht Schluß mit seinem Nazi-Rummel!
Er spielt sich auf als Sozialist
Dieweil er
Knecht der Reichen ist.

[13/32] **Hitler und Hummel/der gleiche Rummel.** A: Der Hochstapler Hummel, der in Wirklichkeit Daubmann hieß, läßt sich als letzter Heimkehrer aus französischer Kriegsgefangenschaft feiern. Adolf Hitler, der »Gefreite des Weltkriegs«, hieß, wie man heute weiß, in Wirklichkeit Adolf Schicklgruber. – In: Nr. 45 v. 6. 11., S. 1065 [US 1].

Aufrüstung tut not!

Montage: JOHN HEARTFIELD

[14/32] **Aufrüstung tut not!** – In: Nr. 46 v. 13. 11., S. 1091.

[15/32] **6 Millionen kommunistische Stimmen.** A: Reichstagswahl am 6. 11. 32: Stimmengewinne bei der KPD, Verluste bei NSDAP und SPD. Papens Versuch, unter Ausschaltung des Reichstags und gestützt auf die Reichswehr zu regieren, mißlingt. Am 17. 11. 32 tritt er auf Verlangen Schleichers zurück. – In: Nr. 47 v. 20. 11., S. 1113 [US 1].

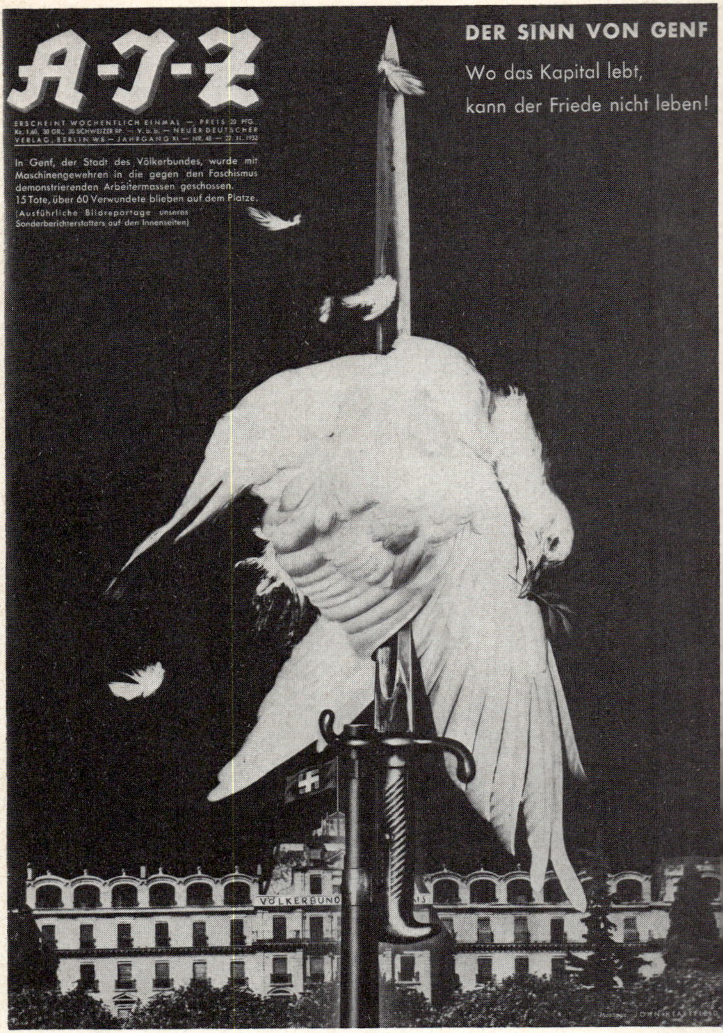

[16/32] **Der Sinn von Genf.** A: Bei der Fünf-Mächte-Vereinbarung vom Dezember 1932 in Genf wird die militärische Gleichberechtigung Deutschlands anerkannt. Bei Demonstrationen vor dem Genfer Völkerbundpalast gab es 15 Tote und über 60 Verwundete. – In: Nr. 48 v. 27. 11., S. 1137 [US 1].

TODESKONJUNKTUR

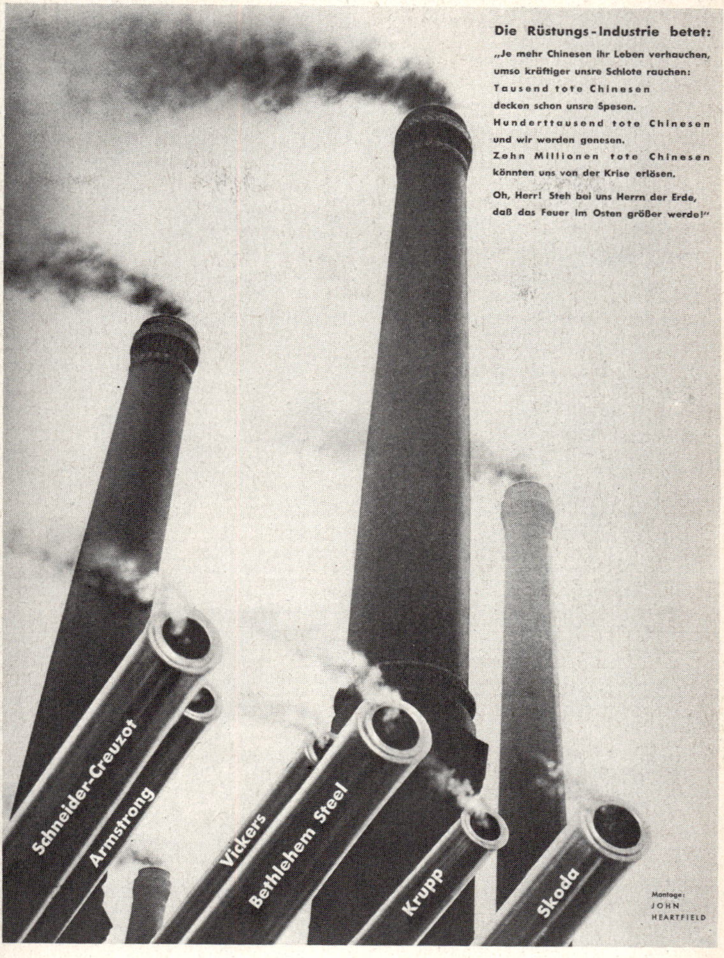

[2/33] **Todeskonjunktur.** A: Unter Hinweis auf die Kämpfe der Roten Armee unter Mao Tse Tung gegen Tschiang Kai-schek. Aufruf zu den Betriebsrätewahlen im März 1933, wo die Nationalsozialistischen Betriebszellenorganisationen unter Robert Ley kandidieren. – In: Nr. 4 v. 22. 1., S. 75.

AIZ
Erscheint wöchentlich einmal. • Preis Kč 1·60, 30 Gr., 30 Schweizer Rappen, 20 Pfg
In Nordamerika und Kanada 10 Cents • V. b. b. • Jahrgang XII • Nummer 18 • 10. Mai 1933

AM 10. MAI WERDEN IN DEUTSCHLAND ALLE MISSLIEBIGEN BÜCHER VERBRANNT

DURCH LICHT ZUR NACHT

Also sprach Dr. Goebbels: Lasst uns aufs neue Brände entfachen, auf dass die Verblendeten nicht erwachen!

[5/33] **Durch Licht zur Nacht.** A: Die Bücherverbrennung am 10. 5. 33 in Berlin und allen Universitätsstädten des Reiches. Die Berliner Aktion leitet Reichspropagandaminister Dr. Goebbels persönlich. – In: Nr. 18 v. 19. 5., S. 321 [US 1].

HITLERS PROGRAMM

Hitler in seiner Programmrede am 1. Mai: „Zur Behebung der Arbeitslosigkeit wollen wir die Häuser wieder in Ordnung bringen." Fotomontage: John Heartfield

Das Volk wäre glücklich angeschmiert, jetzt müssen die Häuser angeschmiert werden!

[6/33] **Hitlers Programm.** A: Zugleich eine Anspielung auf Hitlers Versuch, Maler zu werden. – In: Nr. 19 v. 18. 5., S. 339.

Mit seinen Phrasen will er die Welt vergasen

Der Mann, der die deutsche Verfassung beschwor, spricht jetzt von Frieden. Er wird ihn halten wie seinen Eid.

[8/33] **Mit seinen Phrasen will er die Welt vergasen.** A: Hitlers Friedensbeteuerungen standen im Gegensatz zu seinen Kriegsvorbereitungen. Am 3. 2. 33 umreißt Hitler in einer geheimen Rede vor den Befehlshabern der Reichswehr sein bereits in ›Mein Kampf‹ festgelegtes außenpolitisches Programm: Neuer »Lebensraum im Osten« soll »rücksichtslos« germanisiert werden. – In: Nr. 21 v. 1. 6. 33, S. 371.

DER KRIEG

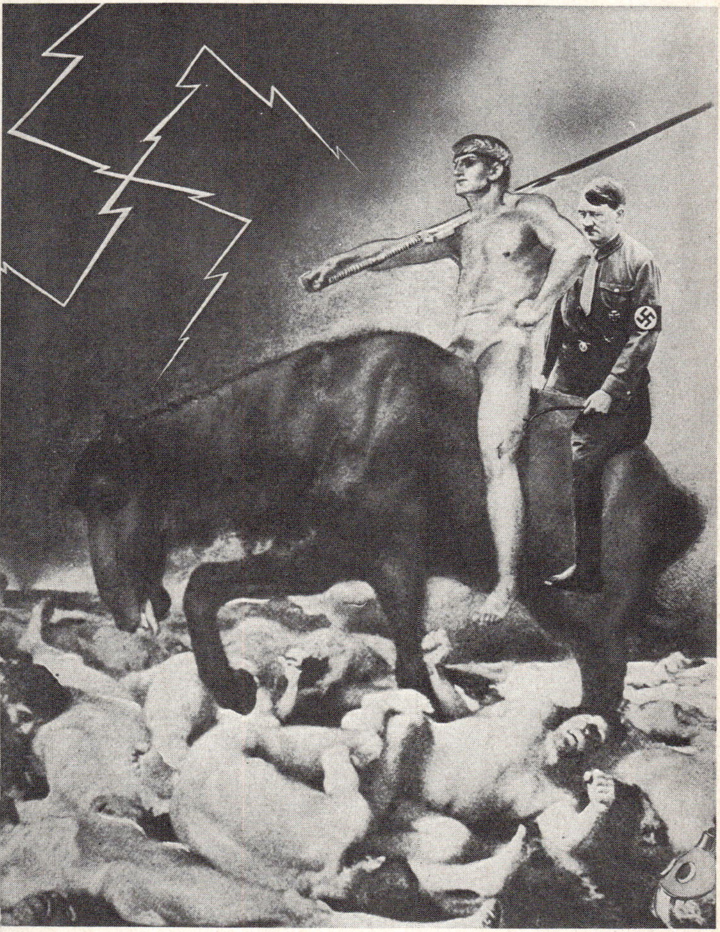

Ein Gemälde von Franz v. Stuck. Zeitgemäß montiert von John Heartfield

[16/33] **Der Krieg.** A: Auf der 2. Internationalen Abrüstungskonferenz 1933 verlangt Deutschland die Erweiterung der Reichswehr von 100 000 auf 200 000 Mann. Der Antrag wird abgelehnt. Deutschland verläßt im Oktober die Konferenz. – In: Nr. 29 v. 27. 7., S. 499.

NEUER LEHRSTUHL AN DEN DEUTSCHEN UNIVERSITÄTEN

VÖLKISCHE TIEFENSCHAU

Ein Professor Vitlawopsky von der Universität Heidelberg hat festgestellt, daß das menschliche Hühnerauge, allerdings nur das germanische, befähigt ist, in die Zukunft zu schauen. Hitler hat sogleich nach Bekanntwerden der Entdeckung des genialen Forschers die Überführung von 1300 Hühneraugenoperateuren ins Konzentrationslager angeordnet.

Original-Aufnahme aus dem teutonischen Busch von John Heartfield.

[21/33] **Neuer Lehrstuhl an den deutschen Universitäten/Völkische Tiefenschau.** A: Der Reichstagsbrand vom 27. 2. 33 wurde als Vorwand für die Einrichtung von Konzentrationslagern für sogenannte »Schutzhäftlinge« benützt. – In: Nr. 34 v. 31. 8., S. 579.

SONDERNUMMER, REICHSTAGSBRAND PROZESS/GEGENPROZESS

[23/33] **Goering, der Henker des Dritten Reichs.** A: Der Verdacht, der damalige Reichstagspräsident Hermann Göring habe den Reichstag anzünden lassen, ist historisch nicht nachweisbar. Aber bereits am 28. 2. 33 wurden mit der »Reichstagsbrand-Verordnung« alle Grundrechte der Verfassung aufgehoben: Die Nationalsozialisten traf das Ereignis wohlvorbereitet. – In: Nr. 36 v. 14. 9., S. 609 [US 1].

[24/33] **Deutsche Eicheln 1933.** A: Die getarnten Kriegsvorbereitungen des nationalsozialistischen Deutschland. – In: Nr. 37 v. 21. 9., S. 627.

Zum Brandstifter-Prozess in Leipzig

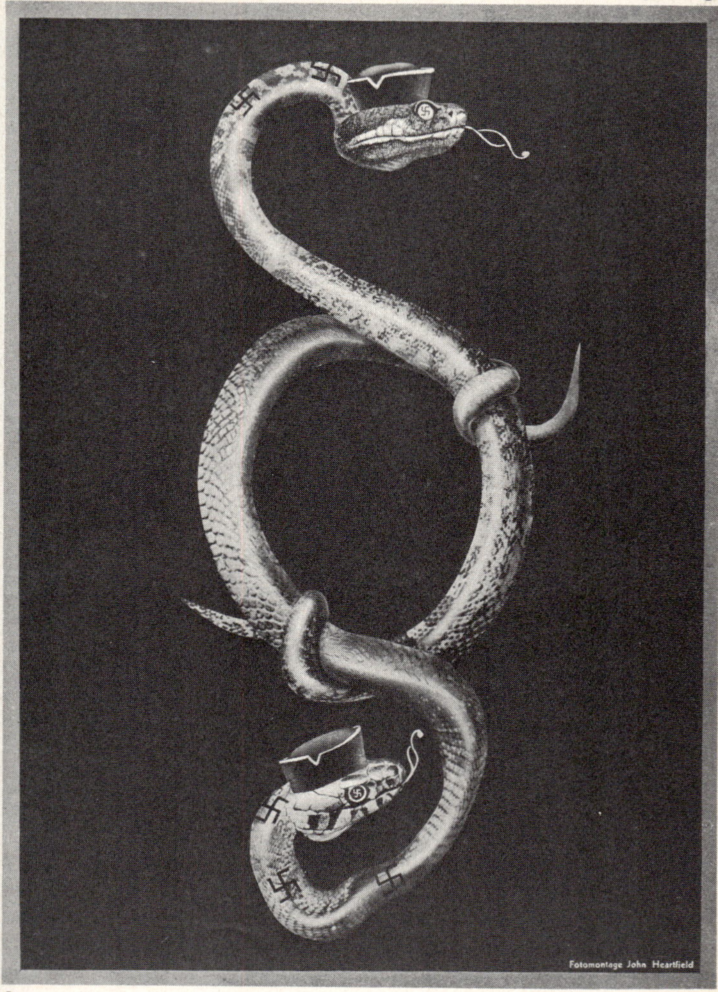

Sie winden sich und drehen sich und nennen sich deutsche Richter

[27/33] **Zum Brandstifter-Prozess in Leipzig.** A: Der Prozeß sollte nach dem Willen der NS-Machthaber als politische Abrechnung mit der KPD aufgezogen werden. – In: Nr. 41 v. 19. 10., S. 691.

[28/33] **Hitler erzählt Märchen I.** – In: Nr. 42 v. 26. 10., S. 720 [US 4].

[29/33] **Gleiche Brüder/Gleiche Mörder.** A: Julius Streicher [l.], Gauleiter von Franken und Herausgeber der antisemitischen, nationalsozialistischen Zeitschrift ›Der Stürmer‹ [1923–1945], war besonders berüchtigt. – In: Nr. 43 v. 2. 11., S. 736 [US 4].

[30/33] **Der Richter/Der Gerichtete.** A: Ministerpräsident Hermann Göring, der Kronzeuge der Anklage gegen Georgi Dimitroff u. a. am 4. 11. 33: »Warten Sie nur, bis wir Sie außerhalb der Gewalt dieses Gerichtshofes haben werden!« Dimitroff wurde freigesprochen. – In: Nr. 45 v. 16. 11., S. 755.

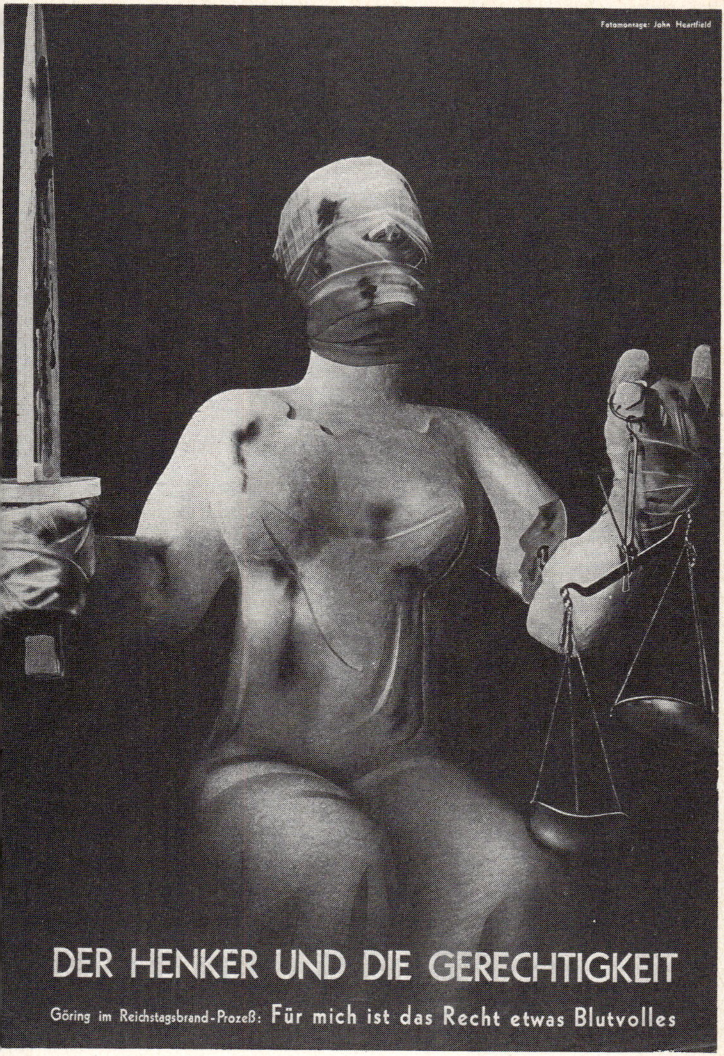

[31/33] **Der Henker und die Gerechtigkeit.** – In: Nr. 47 v. 30. 11., S. 787.

[3/34] **Der Reichsbischof richtet das Christentum aus.** A: Auf einer Großkundgebung im Berliner Sportpalast am 13. 11. 33 fordern die Deutschen Christen unter Ludwig Müller die völlige Nazifizierung der evangelischen Kirche und ihres Bekenntnisses. Der Pfarrernotbund unter Martin Niemöller reagiert mit scharfen Kanzelerklärungen. – In: Nr. 3 v. 18. 1., S. 35.

[8/34] **Wien....** A: Die am 19. 6. 33 verbotene österreichische NSDAP arbeitet illegal weiter. Der blutige Aufstand des Republikanischen Schutzbundes wird durch Bundestruppen niedergeschlagen. Die Sozialdemokratische Partei wird aufgelöst. – In: Nr. 8 v. 22. 2., S. 113 [US 1].

[9/34] **Die alte Welt hat ihre Pleitegeier.** A: Bundeskanzler Engelbert Dollfuß und sein Vizekanzler, der Heimwehrführer Emil Fey, richten sogenannte »Anhaltelager« für Gegner des Regimes ein. – In: Nr. 9 v. 1. 3., S. 144 [US 4].

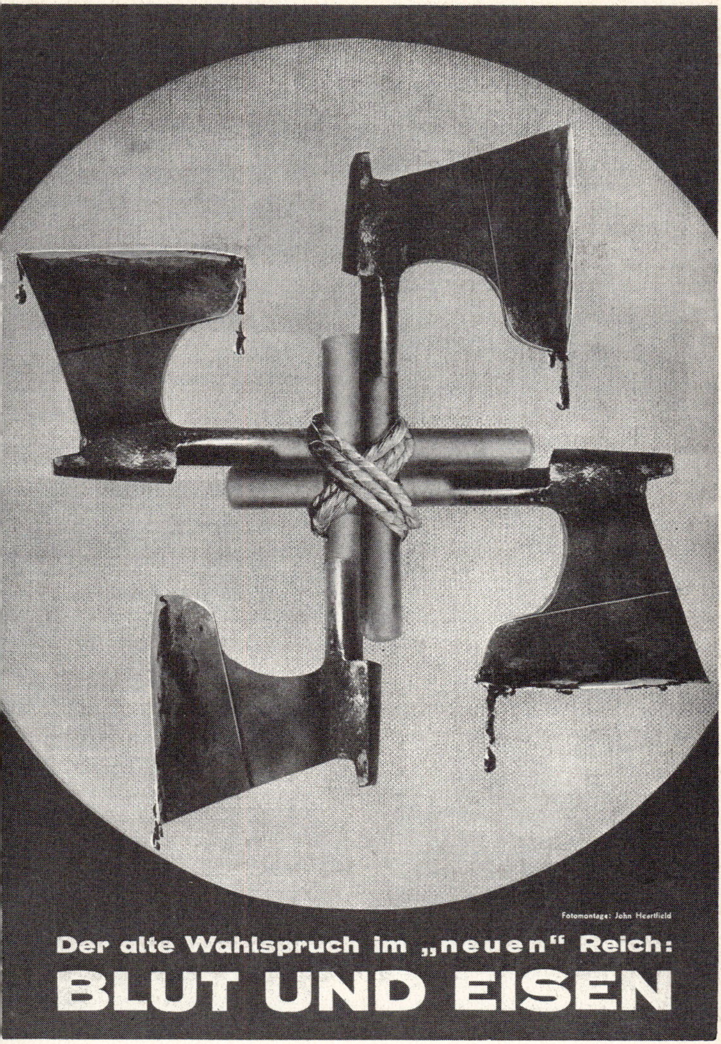

[10/34] **Der alte Wahlspruch im »neuen« Reich: Blut und Eisen.** A: Die blutige Verfolgung der Gegner des Regimes wird verschärft. Die Forderung nach »Blut und Eisen« wird Bismarck zugeschrieben. – In: Nr. 10 v. 8. 3., S. 147.

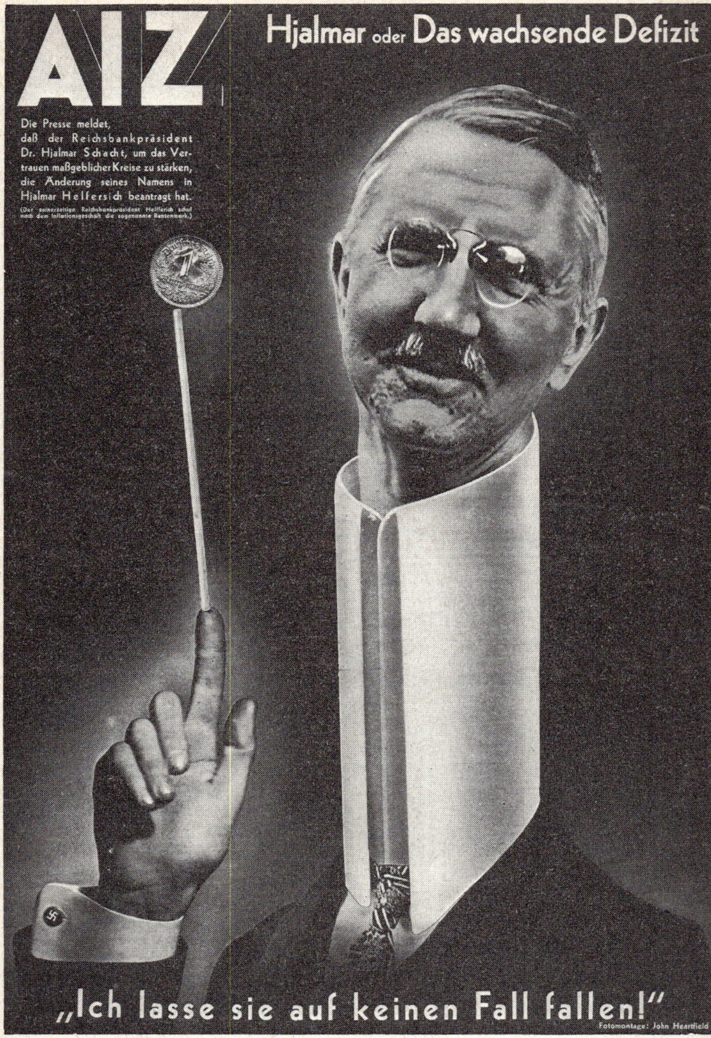

[14/34] **Hjalmar oder Das wachsende Defizit.** A: Zur Finanzierung der Aufrüstung gibt die Reichsbank unter Hjalmar Schacht seit 1934 sogenannte Mefo-Wechsel aus, die der Rüstungsindustrie umfangreiche Kredite verschaffen. 12 Milliarden Reichsmark (62% der Staatsausgaben] werden bis 1938 in die Rüstung investiert. – In: Nr. 14 v. 5. 4., S. 224 [US 4].

[15/34] **»Ein feste Burg ist unser Genf«.** A: Im Oktober 1933 verließ Deutschland die Genfer Abrüstungskonferenz und erklärte seinen Austritt aus dem Völkerbund. Das entsprach ganz den Vorstellungen der Internationalen Rüstungsindustrie. – In: Nr. 15 v. 12. 4., S. 240 [US 4].

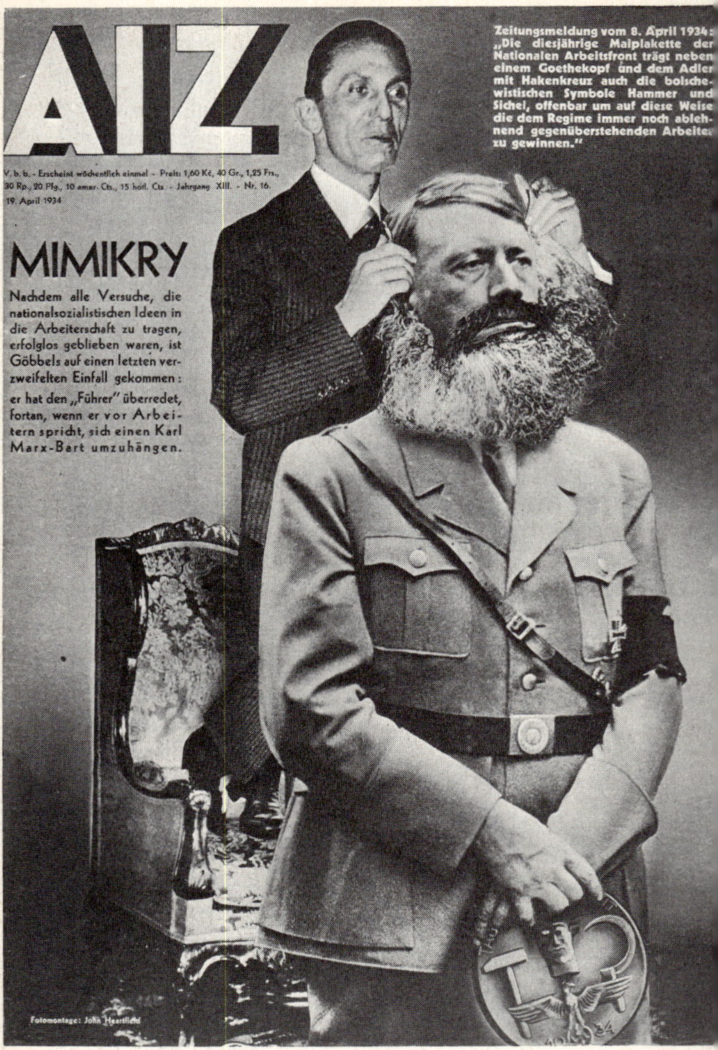

[16/34] **Mimikry.** A: Das ›Gesetz zur Ordnung der nationalen Arbeit‹ v. 20. 1. 34 und das ›Gesetz zur Vorbereitung des organischen Aufbaus der Wirtschaft‹ v. 27. 2. 34 dienten wie die am 24. 10. 34 gegründete ›Deutsche Arbeitsfront‹ der systematischen Aufrüstung. – In: Nr. 16 v. 19. 4., S. 241 [US 1].

[17/34] **Zur Intervention des Dritten Reichs.** A: Der deutsche Gesandte in Prag, Dr. Koch, protestiert gegen die Ausstellung von Heartfields Montagen in Prag beim tschechoslowakischen Außenministerium. Nach einer zweiten Demarche werden einige Blätter zurückgezogen. – In: Nr. 18 v. 3. 5., S. 288 [US 4].

[21/34] **Wie im Mittelalter . . . .** – In: Nr. 22 v. 31. 5., S. 352 [US 4].

[22/34] **Gespräch im Berliner Zoo.** A: Der ›Stürmer‹, das antisemitische Hetzblatt Julius Streichers, war der Schrittmacher der nationalsozialistischen »Endlösung der Judenfrage«. – In: Nr. 23 v. 7. 6., S. 368 [US 4].

[25/34] **Der Pakt von Venedig.** A: Hitlers Österreich-Politik wurde von Mussolini durch Truppenkonzentrationen beantwortet. Im Juni 1934 treffen sich Mussolini und Hitler erstmals in Venedig.– In: Nr. 26 v. 28. 6., S. 416 [US 4].

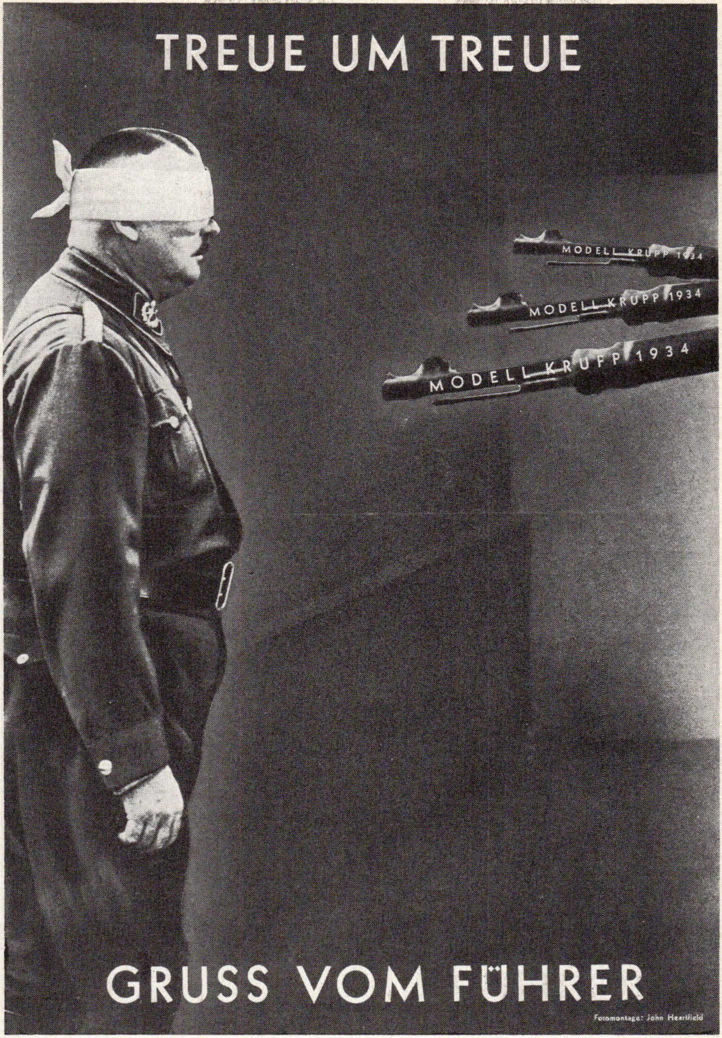

[27/34] **Treue um Treue.** A: Ernst Röhm, ein enger Mitarbeiter Hitlers aus der »Kampfzeit«, Stabschef der SA, wird am 30. 6. 34 in Bad Wiessee von Hitler persönlich festgenommen und ohne Verfahren erschossen. Der Mord an Röhm und zahlreichen Gegnern des Nationalsozialismus wird am 3. 7. 34 als »Staatsnotwehr« für rechtens erklärt. – In: Nr. 28 v. 12. 7., S. 448 [US 4].

[28/34] **30. Juni 1934.** A: Am 13. 7. 34 rechtfertigt sich Hitler im Reichstag: Röhm und andere Gegner des Regimes werden des Hoch- und Landesverrats beschuldigt. – In: Nr. 29 v. 19. 7., S. 464 [US 4].

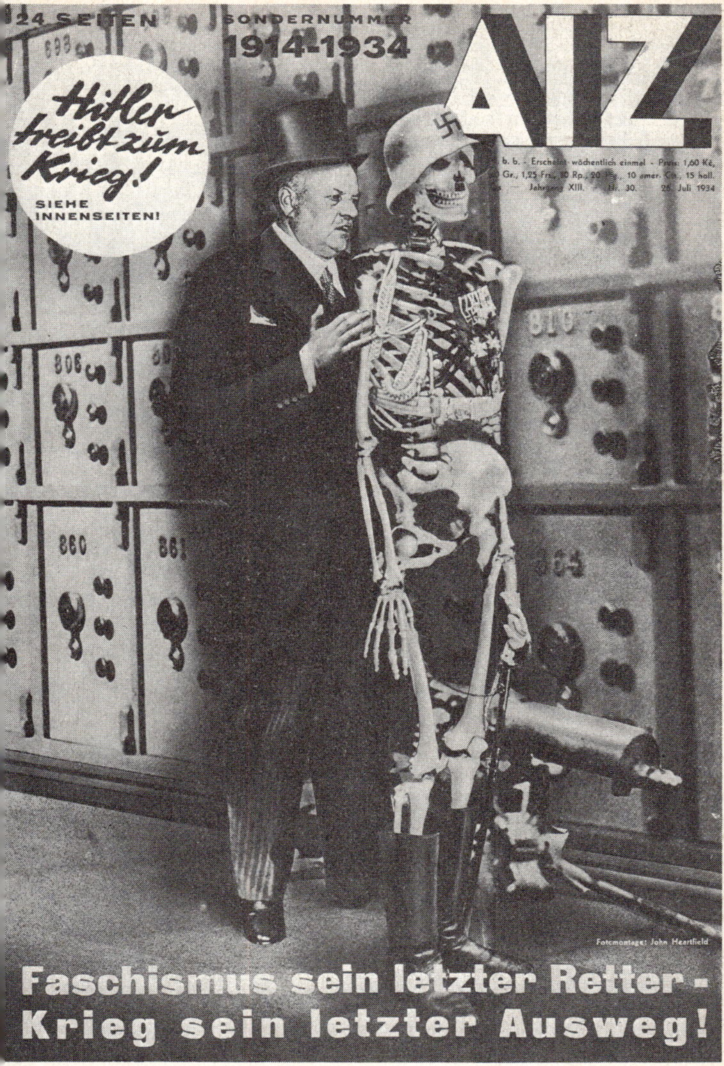

[29/34] **Faschismus sein letzter Retter.** A: Mit der Meldung, ausländische Flugzeuge hätten am 23. 6. 34 über Berlin gegen die Regierung gerichtete Flugblätter abgeworfen, werden Gas- und Luftschutzübungen begründet. Hitler motiviert seine Aufrüstung. – In: Nr. 30 v. 26. 7., S. 465 [US 1].

[33/34] **Deutsche Naturgeschichte.** A: Friedrich Ebert, Reichspräsident von 1919–1925. Paul von Hindenburg, Reichspräsident seit 1925, stirbt am 2. 8. 34. Hitler übernimmt das Amt des Reichspräsidenten. Die Reichswehr wird auf den »Führer und Reichskanzler Adolf Hitler« vereidigt. – In: Nr. 33 v. 16. 8., S. 536 [US 4].

[35/34] **Fünf Millionen Nein.** A: Adolf Hitler läßt sich am 19. 8. 34 durch eine Volksabstimmung als »Führer und Reichskanzler« bestätigen. – In: Nr. 35 v. 30. 8., S. 553 [US 1].

NACH
ZWANZIG
JAHREN!
Fotomontage: John Heartfield

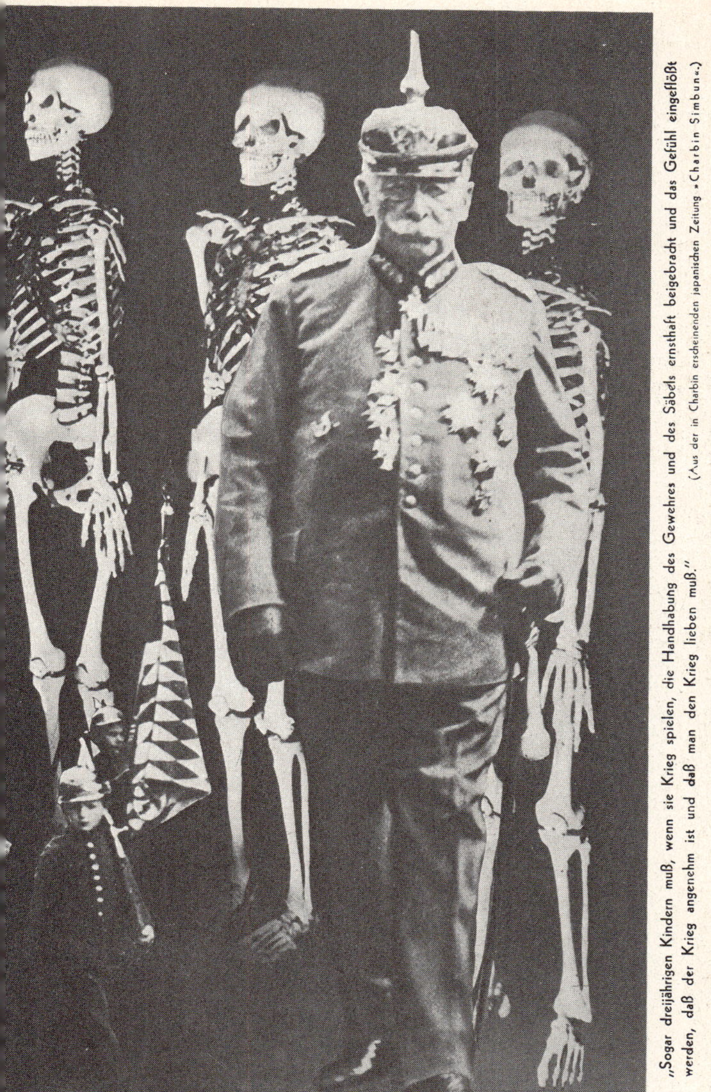

[37/34] **Nach zwanzig Jahren!** A: Zum 20. Jahrestag des Ausbruchs des Ersten Weltkriegs im August 1914. – In: Nr. 37 v. 13. 9., S. 592/593.

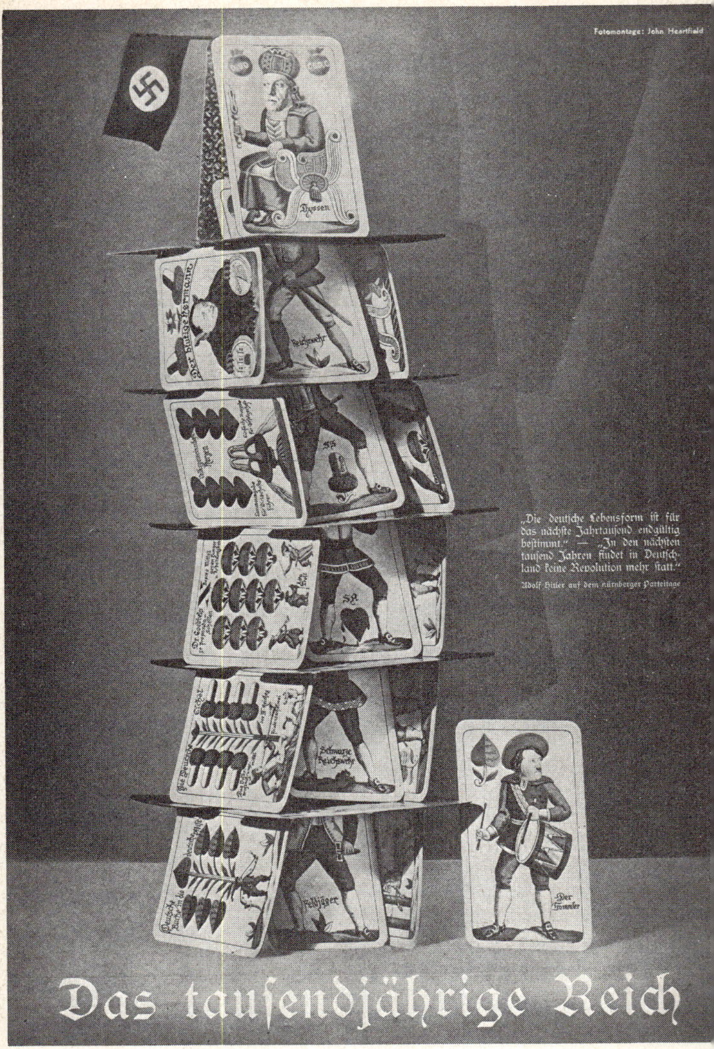

[38/34] **Das tausendjährige Reich.** A: Auf dem Reichsparteitag der NSDAP in Nürnberg im September 1934 spricht Hitler vom »tausendjährigen Reich«. – In: Nr. 38 v. 20. 9., S. 616 [US 4].

[42/34] **Ruhe herrscht wieder in Barcelona.** A: Im Oktober 1934 tritt Gil Robles, der Leiter einer Union katholischer Parteien, in das Kabinett des Republikaners Lerroux ein. Katalonische und asturische Arbeiter erheben sich gegen das Regime. Sie werden von General Franco in einer blutigen Aktion niedergeschlagen. – In: Nr. 42 v. 18. 10., S. 680 [US 4].

[45/34] **Ein gefährliches Eintopfgericht.** A: Schacht propagiert Sparmaßnahmen: »Wir werden ganz zweifellos den Riemen enger schnallen müssen...«. Im März 1935 wird die allgemeine Wehrpflicht wieder eingeführt. – In: Nr. 45 v. 8. 11., S. 736 [US 4].

[48/34] **Gestapo-Briefe an deutsche Frauen.** A: Nach dem 30. 6. 34 werden mehrere hundert Menschen ohne gerichtliche Verurteilung umgebracht. Erich Klausner war Ministerialdirektor. – In: Nr. 48 v. 29. 11., S. 784 [US 4].

[50/34] **»Arbeitsschlacht«.** A: Die bevorstehende Abstimmung an der Saar im Januar 1935. – In: Nr. 50 v. 13. 12., S. 816 [US 4].

[51/34] **Die Röchling-Rechnung.** A: »Hermann Röchling, der Eisenkönig an der Saar, wirbt für den Anschluß an das Dritte Reich« . . . – In: Nr. 51 v. 20. 12., S. 817 [US 1].

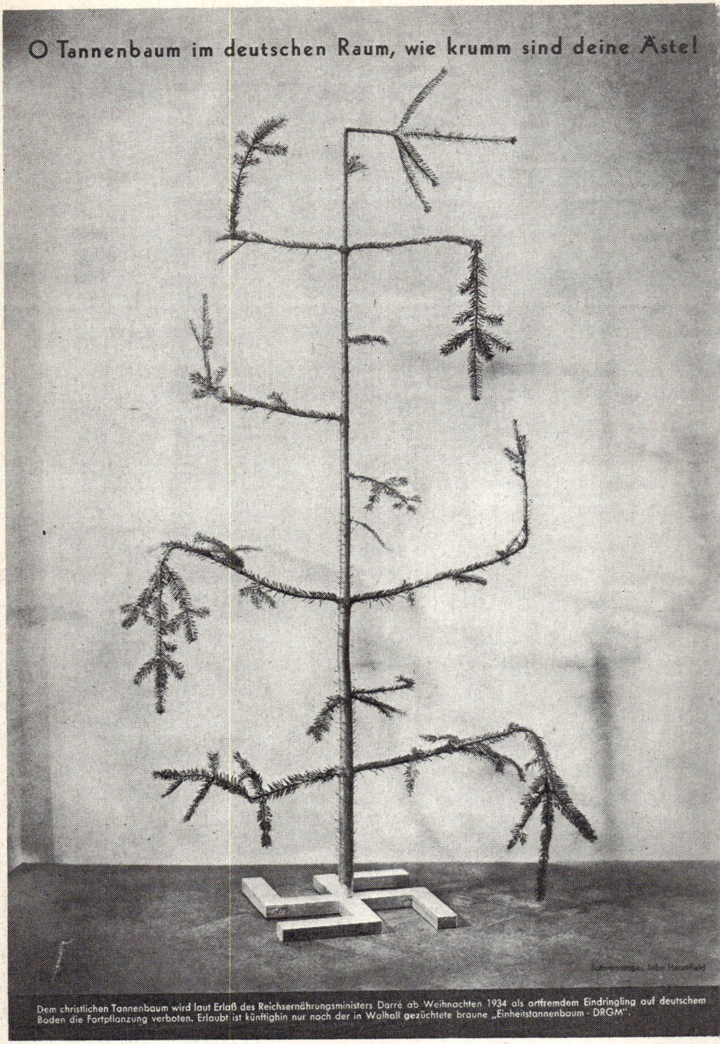

[52/34] **O Tannenbaum im deutschen Raum, wie krumm sind deine Äste!** – In: Nr. 52 v. 27. 12., S. 848 [US 4].

[1/35] **Die drei Weisen aus dem Sorgenland.** A: Anspielung auf die Heiligen Drei Könige. Dreikönigsfest: 6. Januar. – In: Nr. 1 v. 3. 1., S. 16 [US 4].

[5/35] **Hitlers Friedenstaube.** A: Theodor Habicht, Leiter der illegalen österreichischen NSDAP, war nach der Ermordung von Dollfuß am 24. 7. 34 abberufen worden. Im Januar 1935 nimmt er seine Arbeit von München aus wieder auf. – In: Nr. 5 v. 31. 1., S. 80 [US 4].

[6/35] **Fantasie zweier Ostpaktjäger.** A: Zur Verbesserung der bilateralen Beziehungen zwischen dem Reich und seinen Nachbarn werden »Jagdausflüge« unternommen. – In: Nr. 6 v. 7. 2., S. 96 [US 4].

[8/35] **Das Spiel der Nazis mit dem Feuer.** A: Zum 2. Jahrestag des Reichstagsbrandes am 27./28. 2.33. – In Nr. 9 v. 28. 2., S. 129 [US 1].

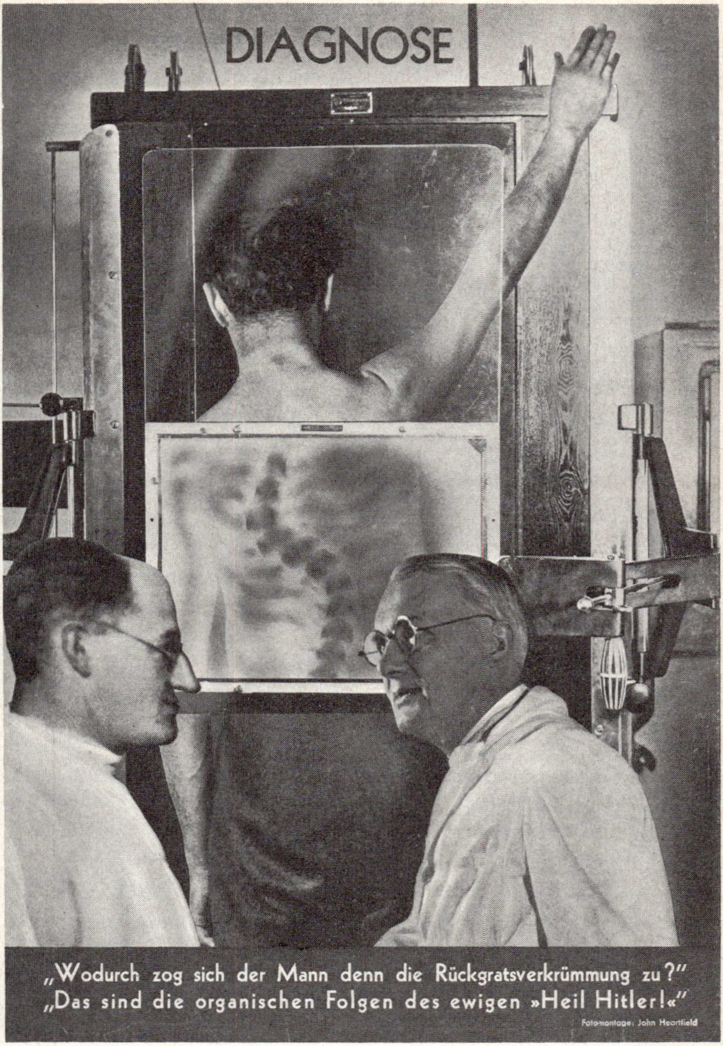

„Wodurch zog sich der Mann denn die Rückgratsverkrümmung zu?"
„Das sind die organischen Folgen des ewigen »Heil Hitler!«"

Foto-montage: John Heartfield

[10/35] **Diagnose.** – In: Nr. 12 v. 21. 3., S. 192 (US 4].

[18/35] **Der Platz an der Sonne.** A: Im Oktober 1935 fallen zwei italienische Armeen in Abessinien ein. Die Sanktionen des Völkerbundes sind wirkungslos. Das Land wird mit wirtschaftlicher und propagandistischer Unterstützung Deutschlands erobert. – In: Nr. 41 v. 10. 10., S. 656 [US 4].

[20/35] **Der Ehrendolch.** – In: Nr. 44 v. 31. 10., S. 704 [US 4].

PROGRAMM DER OL

BEILSCHWINGEN

KÖPFE ROLLEN

FECHTEN

WECHSELREITEN

MPIADE BERLIN 1936

PEERWERFEN

SEILZIEHEN

UMPFBEUGEN

ABSCHLIESSEND GRANDIOSES SCHLACHTENFEUERWERK

[23/35] **Programm der Olympiade Berlin 1936.** A: Die Olympischen Sommerspiele in Berlin im August 1936 werden von den Nationalsozialisten propagandistisch mit aller Sorgfalt vorbereitet. – In: Nr. 48 v. 28. 11., S. 760/761.

[9/36] **Hitler erzählt Märchen II.** – In: Nr. 10 v. 5. 3., S. 160 [US 4].

[10/36] **Sie richten das Volk, solange das Volk nicht sie richtet!** A: Das nationalsozialistische »Volksgericht« verurteilt unter Berufung auf das »gesunde Volksempfinden« fünf Angeklagte zum Tode, obgleich der Schuldnachweis nicht erbracht werden kann. – In: Nr. 11 v. 12. 3., S. 176 [US 4].

STIMME AUS DEM SUMPF

„Dreitausend Jahre konsequenter Inzucht beweisen die Überlegenheit meiner Rasse!"

[11/36] **Stimme aus dem Sumpf.** A: Die ›Nürnberger Gesetze‹ werden von japanischen Rassisten begrüßt. – In: Nr. 12 v. 19. 3., S. 179.

[21/36] **Dem unbekannten Genossen.** – In: Nr. 25 v. 17. 6., S. 400 [US 4].

[26/36] **Normalisierung.** A: Ein Abkommen zwischen dem Deutschen Reich und Österreich vom 11. 7. 36 soll die Beziehungen zwischen den beiden Staaten neu regeln. Aber der nationalsozialistische Druck auf die österreichische Regierung bleibt unverändert stark. – In: Nr. 31 v. 29. 7., S. 496 [US 4].

[29/36] **Die Freiheit selbst kämpft in ihren Reihen.** A: Seit 17. 7. 36 kämpfen die Regierungstruppen Spaniens gegen die Truppen der Generale Franco, de Llano und Mola, die von deutscher und italienischer Seite unterstützt werden. – In: Nr. 1 v. 19. 8. [Nach Konfiskation II. Ausgabe], S. 16 [US 4].

[31/36] **Weg frei für den Frieden!** A: Weltfriedenskonferenz in Brüssel v. 3.–6. 9. 36. – In: Nr. 3 v. 2. 9., S. 37.

[35/36] **Wieder einmal in der Welt voran . . .** – In: Nr. 8 v. 7. 10., S. 128 [US 4].

[40/36] **Madrid 1936.** A: Die Weltpresse feiert am 8./9. 11. die Einnahme Madrids durch die Franco-Truppen. Tatsächlich wird Madrid am 28. 3. 39 kampflos besetzt. – In: Nr. 15 v. 25. 11., S. 240 [US 4].

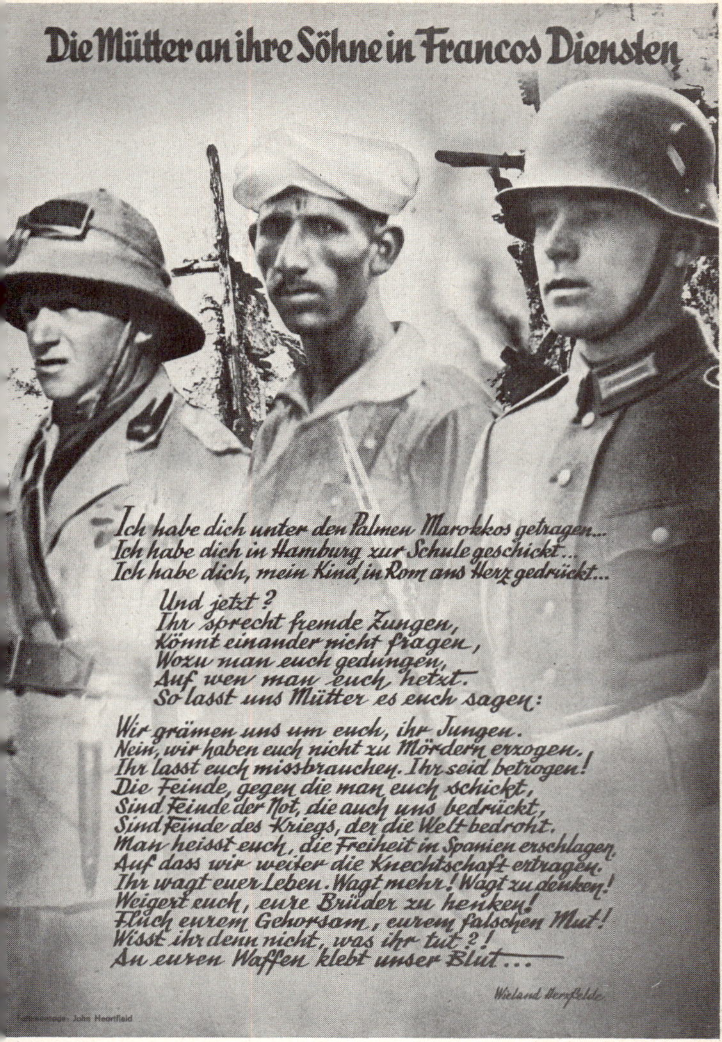

[43/36] **Die Mütter an ihre Söhne in Francos Diensten.** A: Auf der Seite Francos kämpfen 30 000 Marokkaner, 20 000 Deutsche und 50 000 Italiener. – In: Nr. 19 v. 23. 12., S. 301.

[3/37] **Blut für Eisen.** A: Die militärischen Aufwendungen der Wehrmacht für das spanische »Manöver« betrugen am 31. 3. 38 338 Millionen Reichsmark. Das Reich interessierte sich besonders für Investitionen in Spanien und für die Erhöhung der laufenden Erzlieferungen. – In: Nr. 4 v. 27. 1., S. 61.

[7/37] **Bild ohne Worte ...** – In: Nr. 9 v. 3. 3., S. 141.

[11/37] **Die Saat des Todes.** – In: Nr. 15 v. 14. 4., S. 237.

[12/37] **Die Stimme der Freiheit in deutscher Nacht – auf Welle 29,8.** – In: Nr. 16 v. 21. 4., S. 245.

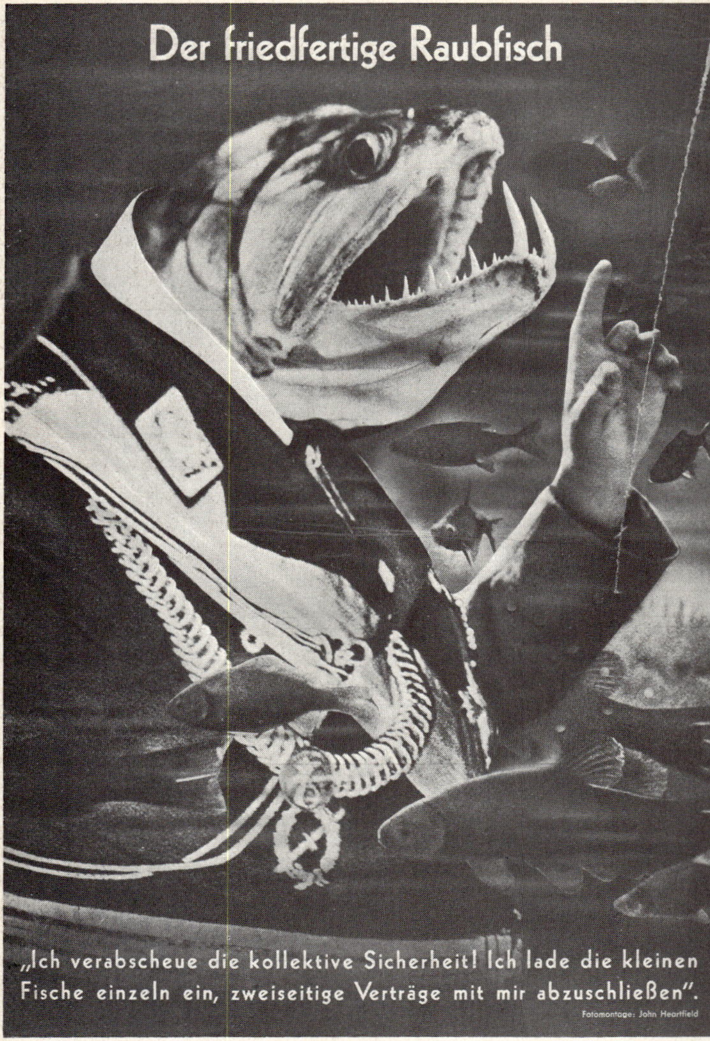

[15/37] **Der friedfertige Raubfisch.** A: Hitler lehnte mehrseitige Verträge ab: 1934 Nichtangriffspakt mit Polen; 1935 Deutsch-britisches Flottenabkommen; 1936 Abkommen mit Österreich; Antikomintern-Pakt mit Japan; Achse Berlin-Rom. Im Januar 1937 tritt Italien dem Antikomintern-Pakt bei. – In: Nr. 19 v. 12. 5., S. 307.

[22/37] **Tod dem Kriegspolypen!** A: Am 23. Jahrestag des Weltkriegsbeginns kämpfen japanische Truppen in China, deutsche und italienische Truppen in Spanien. – In: Nr. 32 v. 11. 8., S. unpag.

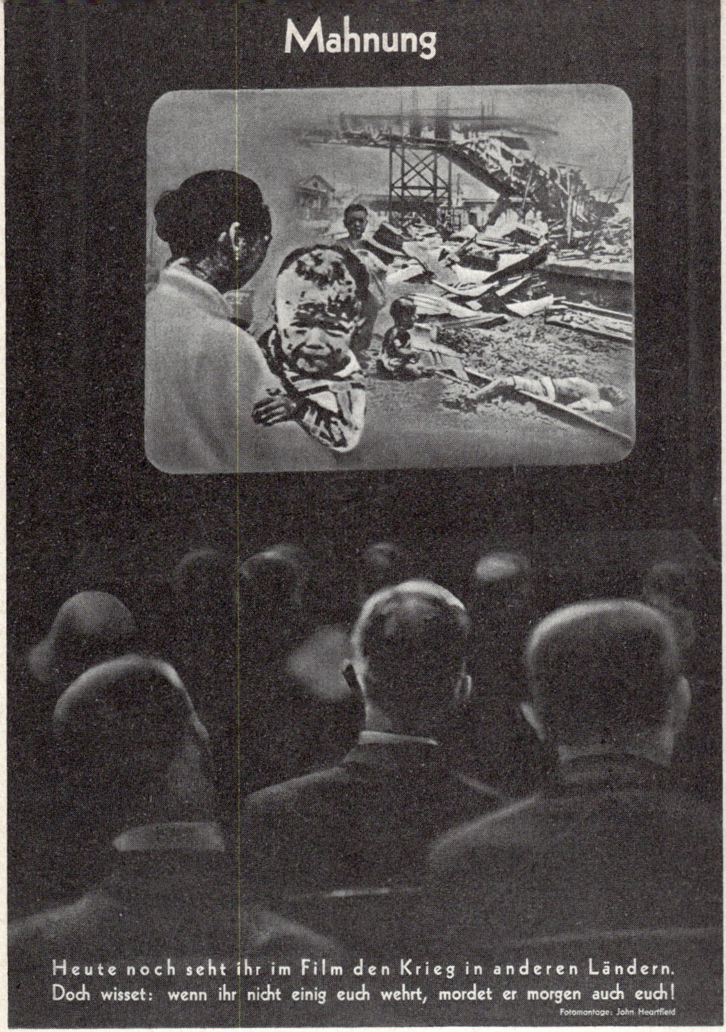

[26/37] **Mahnung.** A: Szene nach einem japanischen Fliegerangriff auf die Mandschurei. – In: Nr. 41 v. 13. 10., unpag. [US 4].

[2/38] **Illustration zu Grimms Märchen von der Katze und der Maus.** A: Hitler erzwingt bei Schuschniggs Besuch in Berchtesgaden am 12. 2. 38 eine Amnestie für österreichische Nationalsozialisten und die Aufnahme Arthur Seys-Inquarts als Innenminister ins österreichische Kabinett. Am 11. 3. 38 besetzen deutsche Truppen Österreich. Am 13. 3. 38 erfolgt der Anschluß. – In: Nr. 9 v. 2. 3. [Nach Konfiskation zweite Ausgabe], unpag.

[7/38] **Der Fuchs und der Igel.** A: Die Bedrohung der Tschechoslowakei durch das Deutsche Reich und Konrad Henleins ›Sudetendeutsche Heimatfront‹ nimmt zu. – In: Nr. 24 v. 15. 6., unpag.

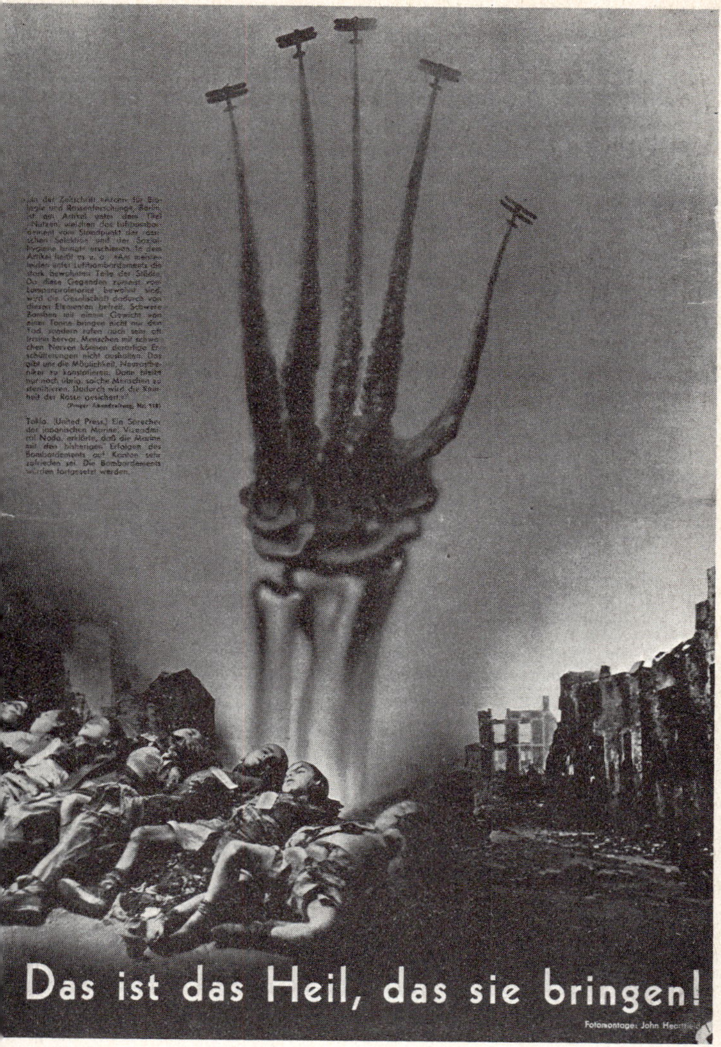

[8/38] **Das ist das Heil, das sie bringen!** A: In einem Beitrag der Zeitschrift ›Biologie und Rassenforschung‹, Berlin, wird der Nutzen von Bombardements vom Standpunkt der rassischen Selektion und Sozialhygiene gewürdigt: Getroffen wird in den Städten vor allem das »Lumpenproletariat«. Dadurch wird die Gesellschaft »von diesen Elementen befreit«. – In: Nr. 26 v. 29. 6., unpag.

[12/38] **Krieg.** A: Das Münchner Abkommen vom 29. 9. 38, das den Anschluß des Sudetenlands ans Deutsche Reich gutheißt, kann den Krieg nicht mehr aufhalten. Am 15./16. 3. 39 besetzen deutsche Truppen die restliche Tschechoslowakei. Am 1. 9. 39 greift Deutschland Polen an und entfesselt damit den Zweiten Weltkrieg. – In: Nr. 37 v. 14. 9., unpag. [US 4].

Heiri Strub

Eine Kunst für den revolutionären Kampf John Heartfields Fotomontagen

John Heartfield war ein sensibler Mensch. Eine Gesellschaft krasser sozialer Ungleichheit und organisierter Brutalität machte ihn zum Kämpfer. Er erlebte zwei imperialistische Kriege und wußte schon, als der erste noch nicht alt war, daß der Feind im eigenen Land steht. Mit der Kühnheit der Maus, die dem Elefanten trotzt, forderte er den Militarismus heraus und legte sich, den Chauvinisten zum Trotz, einen englischen Namen zu.

Viele tragen die Empörung in sich, nur wenigen gelingt es, angemessene Kampfmittel zu finden. Seine Waffe war die Grafik. Er kannte von der Reklame her die Massenwirksamkeit des Druckbildes. Über die Typographie und Buchherstellung kam er zur Fotomontage.

Die offizielle Kunst, bei der Heartfield noch als junger Helmut Herzfeld in München zur Schule ging, war nach 1914 in die Kriegsfront eingeschwenkt und verherrlichte oder übertünchte das grausige Geschehen. George Grosz und sein Freund John Heartfield ließen sich auf der Berliner Dada-Ausstellung 1920 mit der Losung fotografieren: »Die Kunst ist tot. Es lebe die Maschinenkunst Tatlins.« Ein Bekenntnis zu Wladimir Tatlin, dem kühnen Exponenten russischer Revolutionskunst. Die in der Dadazeit entstandenen Fotocollagen von Grosz/Heartfield sind eine Huldigung an das Maschinenzeitalter und eine Absage an jene Kunsterneuerer, die das Heil der Welt in ihrer Seele suchten.

Seit der Novemberrevolution 1918 machten die deutschen Arbeitermassen Geschichte. Das kleine Kollektiv des von Wieland Herzfelde geleiteten Malik-Verlages wurde Teil des großen Kollektivs der kommunistischen Bewegung.

Der Rebell Heartfield wurde zum Revolutionär. Fortan mühte er sich um eine leichtverständliche künstlerische Sprache, die keiner Interpretation bedurfte. Mit großer Bescheidenheit verzichtete er auf die persönliche Handschrift, obwohl er das nötige zeichnerische Rüstzeug hatte, schränkt doch die subjektive künstlerische Eigenart den Kreis der »Liebhaber« notgedrungen ein. Der Stil der »Bildmaschine« Fotoapparat war nicht nur modern, er spricht jedermann gleichermaßen an. Selbst Blätter, bei denen der Montagetrick leicht ablesbar ist, wurden vom Publikum als Dokumente genommen. Man fragte anfänglich nicht nach ihrem Autor. Die selbstgewählte Stilanonymität hatte ihre dialektische Umkehrung: An Popularität übertraf Heartfield bald alle, die um ihre künstlerische Unverwechselbarkeit besorgt sind.

Die für Heartfield selbstverständliche Unterordnung unter die großen Aufgaben der Arbeiterbewegung erleichterten die Kollektivarbeit. Wir wissen, wie diskussionsfreudig er beim Erarbeiten eines Themas war. Auch die Texte der Fotomontagen, die zu einem großen Teil von Wieland Herzfelde formuliert wurden, sind im Gespräch erarbeitet worden. Bereitwillig gab Heartfield seine Kenntnisse an Kollegen und Laien weiter.

Seine ›AIZ‹-Blätter und Plakate waren immer Teil politischer Aktionen gegen den Nazismus und die Kriegsgefahr. So war er vor 1933 regelmäßig im Karl-Liebknecht-Haus am Bülowplatz, der KPD-Zentrale, um die aktuellen Aufgaben zu besprechen.

Heartfields Arbeiten widerlegen die These »Kunst und Agitation schließen sich gegenseitig aus«. John Heartfield verstand seine Fotomontagen immer als künstlerische Leistung. Er nahm es in Kauf, von den zeitgenössischen zünftigen Kunstkritikern nicht anerkannt zu werden. Die für große Auflagen geschaffenen Blätter besaßen auch keinen Börsenwert im Kunsthandel. Mit seinen massenwirksamen politischen Anklagen konnte er bei dem kunstsammelnden Bourgeois kaum auf Sympathie rechnen. Die Arbeiter aber, für die er seine Fotomontagen vor allem machte, verstanden ihren revolutionären Inhalt, sie gaben jedoch keine künstlerischen Werturteile ab.

Warum also die große Sorgfalt bei jeder Arbeit? Wieso dieses hohe künstlerische Verantwortungsbewußtsein für tagesbedingte politische Propaganda? Künstlerische Qualität ist bei Heartfield identisch mit der klaren Durchführung des Einfalls, mit der zielbewußten Verwirklichung der inhaltlichen und bildhaften Idee. Dieser haben sich die grafischen Mittel, die Raumverteilung, die Proportionen, die Wahl der Schrifttypen, die Tonwerte der Fotos oder auch die Farben unterzuordnen. Jedes Detail ist Teil der Aussage.

Die Fotomontage kann sowohl aus der »abstrakten« Bildidee entstehen, wie aus einem vorhandenen Dokumentarbild. Das Überragende an dem Manne war, daß er, wenn er ein aktuelles Foto in die Hand bekam, sofort sah, wie es umzufunktionieren sei, wie die eingefangene Oberfläche der Wirklichkeit zu behandeln oder mit was sie zu konfrontieren war, damit der wahre Kern sichtbar wurde: etwa Hitler im Röntgenbild ›Adolf – der Übermensch/Schluckt Gold und redet Blech‹. In andern Fällen ging er vom Thema aus. Sein großes Bildgedächtnis führte ihn an die richtigen Bildelemente, wenn ihn nicht eine Regieidee zu einer Neuaufnahme veranlaßte: ›Völkische Tiefenschau‹. Viele der berühmt gewordenen Gestalten, etwa Papen mit der Schöpfkelle, sind teils dokumentarisch, teils durch Neuaufnahmen ergänzt.
Auf meine Frage, nach welchem System er sein Fotoarchiv aufgebaut gehabt hätte und wer es ihm geführt habe, antwortete mir Johnny, wie dieser kleine lebhafte Mann von allen seinen Freunden liebevoll genannt wurde, dafür hätte es an Zeit und Leuten gefehlt. In Haufen wären Zeitungsausschnitte und Fotos auf und unter dem Arbeitstisch gelegen. Oder er stöberte in Bildagenturen. Das gesichtete Fotomaterial konnte ihn zu immer neuen Bildideen anregen. So wuchs Tucholskys ›Deutschland, Deutschland über alles‹ unter Heartfields Händen an, denn er fand nicht nur illustrative Fotos zu Tucholskys Texten; Tucholsky schrieb auch Texte zu Bildern, die Heartfield fand oder montierte.
Die hohen Qualitätsansprüche, geschult an den alten Meistern, machten die Zusammenarbeit mit Heartfield schwierig. Sein jahrelanger Mitarbeiter, der Fotograf János Reismann, schildert uns, wie der Fotomonteur immer neue Aufnahmen forderte, bis er seine Idee verwirklicht sah. Zwei Tage lang bauten sie für ›Das tausendjährige Reich‹ Kartenhäuser, bis es auf der Aufnahme zufriedenstellend einstürzte. Auf dem Foto hat Heartfield dann die Figuren abgeändert und die Schriften eingesetzt.
Mit Fototricks und Malerei zwang Heartfield die Fototeile nahtlos zusammenzupassen. Mit äußerster Sorgfalt schuf er sein Klebebild, das nach der Schlußretouche ohne Zwischenaufnahme in die Druckerei kam. Die ›AIZ‹ wurde im hochempfindlichen Kupfertiefdruck-Verfahren hergestellt – Fehler waren so sichtbar wie das Beabsichtigte. Heartfields Achtung vor anderer Leute Beruf ging so weit, daß er selber nicht fotogra-

fierte und auch die Retouche dem Fachmann überließ, immer unter seiner strengen Kontrolle.
Müßig ist der Streit alter Dadaisten, wer nun eigentlich die Fotomontage erfunden hat. Als während des ersten Weltkrieges gleichzeitig mehrere Künstler mit Collagen begannen, gab es dieses Genre bereits. Schon der Kunstfotograf im 19. Jahrhundert, der die freiwillige Feuerwehr in Einzelporträts aufnahm, um diese in einen gemalten Hintergrund zu kleben, war ein Fotomonteur. Es geht also nicht um das Patent der Technik, sondern um die künstlerische Leistung, die bei Heartfield eindeutig mit der politischen zusammenfällt.
Bertolt Brecht hat es 1951 zuerst ausgesprochen, was heute allgemein anerkannt ist: John Heartfields Fotomontagen sind klassisch!
John Heartfield ist der Meister des Kupfertiefdrucks, zu vergleichen mit dem Hausbuchmeister für den Kupferstich, mit Dürer für den Holzschnitt, mit Rembrandt in der Strichradierung, mit Goya in der Aquatinta-Radierung und mit Daumier in der Lithographie. Sie waren alle Humanisten und haben für ihre Propaganda jeweils die neueste grafische Technik, mit der die breitesten Volkskreise zu erreichen waren, zur Kunst erhoben.
Heartfields Blätter wurden mit einer halben Million Auflage im deutschen Sprachraum durch die ›Arbeiter-Illustrierte‹ verbreitet. Jede Woche warteten die Antifaschisten ungeduldig auf das nächste Blatt, auf Heartfields Argumente.
Heute sind diese Arbeiten die gültigsten Bilddokumente jenes gewaltigen Ringens um Nazismus-Faschismus oder Demokratie, um Kapitalismus oder Sozialismus, um Krieg oder Frieden.

Friedrich Pfäfflin

Die Fotomontagen John Heartfields in der ›Arbeiter-Illustrierte-Zeitung‹ [1930–1936] und in der ›Volks-Illustrierte‹ [1936–1938].

Eine Bibliographie

Heartfield und die ›AIZ‹. Ende Juni 1929 erscheint in dem von Willi Münzenberg geleiteten Neuen Deutschen Verlag in Berlin der Band ›Deutschland, Deutschland über alles. Ein Bilderbuch von Kurt Tucholsky und vielen Fotografen. Montiert von John Heartfield‹. Münzenberg weist in der im gleichen Verlag erscheinenden ›A-I-Z‹ [›Arbeiter-Illustrierte-Zeitung] durch Bilder und Texte mehrfach auf das Erscheinen des Buches hin. In Nummer 29 [S. 2] und Nummer 31 [S. 14] des Jahrgangs 1929 der ›A-I-Z‹ erscheinen die ersten Fotomontagen Heartfields als Vorabdruck.

›Deutschland, Deutschland über alles‹ wird ein außerordentlicher Erfolg. Schon im Sommer 1930 [Nr. 26, S. 515] kündigt der Verlag 48 000 verkaufte Exemplare an. Im März 1964 erscheint im Rowohlt Verlag, Reinbek, ein Faksimilenachdruck von 6000 Exemplaren. Die Gesamtauflage wird im Impressum mit 56 000 Exemplaren ausgewiesen. Heartfields Montagen zu diesem Buch blieben bis dahin in der Bundesrepublik die einzigen Zeugnisse seiner Arbeit, wenn man von einigen verdienstvollen Katalogpublikationen absieht.

Anfang 1930 [Nr. 6, S. 115] teilt die Redaktion der ›A-I-Z‹ mit, daß Heartfield inzwischen als regelmäßiger Mitarbeiter gewonnen werden konnte: »Von jetzt ab wird in jedem Monat eine Seite von John Heartfield erscheinen.« 1930 sind es 12 signierte oder jedenfalls gekennzeichnete Blätter; 1931 4; 1932 18; 1933 33; 1934 52; 1935 27; 1936 44; 1937 32; 1938 14. Die folgende Bibliographie verzeichnet alle 236 Blätter, unter Ausschluß der Vorabdrucke. In VI Nr. 8 v. 23. 2. 1938 und Nr. 13 v. 30. 3. 1938 erschienen Blätter zu einem von Heartfield veranstalteten Leserwettbewerb: Die Leser als Fotomonteure.

Der Bildumbruch der ›A-I-Z‹ legt die Vermutung nahe, daß

Heartfield seit 1929 darauf Einfluß genommen hat. Auch schon vor der ersten, von Heartfield signierten Montage, sind bis 1932 von Fall zu Fall Fotomontagen erschienen, über deren Autorschaft nichts bekannt ist. 1935, im tschechischen Exil, erscheinen vereinzelt Fotomontagen von Karl Vaněk.
Zur Geschichte der ›AIZ‹. Die ›AIZ‹ ging aus der 1921 gegründeten Zeitschrift ›Rußland im Bild‹ hervor, die von der Internationalen Arbeiterhilfe [IAH] herausgegeben und 12 mal jährlich in einer Auflage von 100 000 Exemplaren verbreitet worden war [›A-I-Z‹ 1931, Nr. 41, S. 838 f]. Leiter der IAH war Willi Münzenberg. 1923/24 erscheint ›Rußland im Bild‹ unter dem Titel ›Hammer und Sichel‹ in 180 000 Exemplaren. 1925 übernimmt Münzenberg die Zeitschrift in den von ihm inzwischen gegründeten Neuen Deutschen Verlag unter dem Titel ›Arbeiter-Illustrierte‹; es erscheinen 24 Ausgaben im Jahr in 200 000 Exemplaren. 1927 steigt die Auflage auf 220 000 Exemplare. Die ›A-I-Z‹, wie der Titel jetzt kurz und bündig heißt, kann wöchentlich erscheinen. 1929 beträgt die Druckauflage 350 000 Exemplare, 1931 500 000 Exemplare. 1933 ändert sich die Schreibweise des Titels noch einmal: Aus ›A-I-Z‹ wird die ›AIZ‹.
Nach Hitlers Machtergreifung erscheint die letzte Ausgabe am 5. 3. 33 in Berlin. Die Nummer 11/12/13 vom 25. März erscheint bereits im Prager Exil. Die ersten Ausgaben werden im Buchdruck hergestellt; ab Nummer 19 erscheint die ›AIZ‹ wieder im Tiefdruck wie bereits seit 1929. Die Auflage beträgt 1936 nach Walther Heide, ›Handbuch der Zeitungswissenschaft‹, noch 12 000 Exemplare, als der Titel abermals geändert wird: ›Die Volks-Illustrierte‹ [später: ›VI‹. Untertitel: ›Die Volks-Illustrierte‹] erscheint vom 19. August 1936 bis zum 12. Oktober 1938 in Prag. Am 10. 10. 1938 besetzen deutsche Truppen das Sudetenland. Am 15. Januar wird im Pariser Exil noch einmal ein Versuch gewagt [›Die Volks-Illustrierte‹/ ›Illustré Populaire‹], der am 26. Februar, nach der 7. Nummer, aufgegeben werden muß.
Die Redaktion der ›AIZ‹ im Neuen Deutschen Verlag übernahm zunächst Franz Höllering, der zusammen mit Bertolt Brecht und John Heartfield die Sportzeitung ›Arena‹ redigiert hatte. Ihm folgten Lilly Corpus – die spätere Frau Johannes R. Bechers – und Hans F. Lange. In der Emigration verschwindet der Neue Deutsche Verlag aus dem Impressum. Münzenberg flieht nach Paris und gründet dort die Édition du Carrefour.

Fritz Biehal und, ab Nr. 25, Paul Prokop werden als Herausgeber genannt, Chefredakteur ist der Schriftsteller Franz C. Weiskopf. Zur Redaktion gehören Fritz Erpenbeck, der nachmalige Redakteur des ›Worts‹, Louis Fürnberg, Heartfield und Grete Weiskopf. Die Verbindung zu Wieland Herzfeldes Malik-Verlag, der ebenfalls nach Prag emigrierte, wird durch eine Reihe von Autoren und durch die familiären Beziehungen sichtbar. In der ›Volks-Illustrierte‹ bleibt Weiskopf Chefredakteur. Herausgeber sind nacheinander Jan Burger, Erwin Kubiceck und L. Meyer. Theodor Plivier, Maximilian Scheer, A. Adolf und L. F. Boross werden neben Heartfield 1936 im Redaktionsstab genannt.
Die politische Wirkung der ›AIZ‹/›VI‹, von der in den Emigrationsjahren gelegentlich fotografisch verkleinerte Miniaturausgaben verbreitet wurden, läßt sich an der Auflagenentwicklung deutlich ablesen. Sie wurde von den Nationalsozialisten richtig eingeschätzt: 1933 erschien die ›ABZ‹ [›Arbeiter-Bilder-Zeitung‹], eine von den Nationalsozialisten finanzierte Kopie, die sich »geradezu sklavisch in Umbruch und Aufmachung« [1933, Nr. 30, S. 524] an der erfolgreichen ›AIZ‹ orientierte.
Der politische Standort der ›AIZ‹ veränderte sich im Laufe der Jahre von einem parteigebundenen Agitationsorgan mit deutlicher Abgrenzung gegenüber der SPD zu einem Instrument der antinazistischen Volksfrontbewegung. Schon im Herbst 1935 [Nr. 41] trägt die ›AIZ‹ den Untertitel ›Das Illustrierte Volksblatt‹. Im August 1936 wird auch der Haupttitel dem neuen politischen Standort angepaßt.
Im Vordergrund steht von Anfang an die Bildreportage. Die in den ersten Jahren nur in Ausnahmefällen signierten Beiträge der zahlreichen Mitarbeiter sind der optischen Aufbereitung von Nachrichten deutlich untergeordnet. Die prominentesten Mitarbeiter sind neben vielen anderen: Barbusse, Becher, Bredel, Ehrenburg, Kurt Kersten, Bruno Frei, Maxim Gorki, Oskar Maria Graf, Wieland Herzfelde, Hugo Huppert, Kisch, Heinrich Mann und Gustav Regler, Anna Seghers, Turek, Uhse und Arnold Zweig.
Heinrich Mann charakterisiert die ›Arbeiter-Illustrierte‹ schon 1926 [Nr. 9, S. 11] so: »Die Arbeiter-Illustrierte Zeitung ist eine der besten aktuellen Bilderzeitungen. Sie ist reichhaltig, technisch gut, vor allem aber ist sie ungewöhnlich und neu. Zur Anschauung bringt sie die proletarische Welt, die für andere illustrierte Blätter merkwürdiger Weise nicht vorhanden zu

sein scheint, obwohl sie doch die größere Welt ist. Was im Leben vorgeht, wird hier mit den Augen der Arbeiter gesehn, und es ist Zeit, daß so gesehn wird. Gemäß der Lage des Proletariates drücken ihre Bilder seine Klage und seine Drohung aus – zugleich aber auch schon das Selbstvertrauen, das seine thatkräftige Selbsthilfe überall beweist. Das Selbstvertrauen des Proletariates ist in diesem ermüdeten Erdtheil die hoffnungsvollste Thathsache.«

Reproduktionsvorlage und Bibliographie: Ein vollständiges Exemplar der ›AIZ‹/›VI‹ ist in der Bundesrepublik nicht nachweisbar. Das Mikrofilmarchiv der deutschsprachigen Presse e.V. am Institut für Zeitungsforschung in Dortmund besitzt einen Film der Jahrgänge 1933–1939 [DFG 42–44, DFG 218–219], der uns freundlicherweise zur Verfügung gestellt wurde. Die Friedrich-Ebert-Stiftung in Bad Godesberg, die Deutsche Bibliothek in Frankfurt, die Technische Hochschule in Hannover und das Institut für Zeitgeschichte in München besitzen lückenhafte Bestände, auf die wir teilweise zurückgreifen konnten, wenn das zur Reproduktion dienende vollständigste Exemplar von Theo Pinkus, Zürich, nicht ausreichte. Ihm sei für seine großzügige Hilfe ausdrücklich gedankt.

Von dieser schwierigen Quellenlage, aber auch von urheberrechtlichen Gesichtspunkten, war die Bildauswahl abhängig. Die ›AIZ‹/›VI‹ erschien, von wenigen Ausnahmen abgesehen, im Format 38 × 27 cm. Auch darauf mußte Rücksicht genommen werden, da der Verkleinerungsmaßstab [etwa 1:3] vieles unkenntlich gemacht hätte, was in den ganzseitigen Abbildungen des Originals große Wirksamkeit entfalten konnte. In jedem Fall werden die Abbildungen ohne Textverlust nach dem Original der Zeitschrift reproduziert.

Besonderer Dank für das Zustandekommen dieser ersten Buchausgabe in der Bundesrepublik gebührt Frau Gertrud Heartfield, Berlin, und Herrn Wieland Herzfelde, Berlin, dessen Monographie über seinen Bruder die ersten Anstöße vermittelte. Das Heartfield-Archiv bei der Deutschen Akademie der Künste zu Berlin förderte unser Vorhaben bereitwillig. – Frau Dr. Lieselotte Maas, Frankfurt, stellte die Unterlagen ihrer damals in Vorbereitung befindlichen Bibliographie der Zeitungen und Zeitschriften des Exils zur Verfügung. Peter Gorsen vom Institut für Ästhetik und Kommunikation, Frankfurt, überließ uns, trotz eigener dringender Arbeiten, das Pinkus'sche Exemplar als Arbeitsunterlage. Der VEB Verlag der Kunst, Dresden, förderte unser Vorhaben durch besonderes Engagement. Für die Neuauflage [1982] wurden vor allem die in der Bibliographie genannten Arbeiten von Roland März, Eckhard Siepmann und Michael Töteberg konsultiert.

Abkürzungen: A: Anlaß, Anregung. BU: Bildunterschrift, Bildinschrift. T: Text. US 1 bzw. US 4: Umschlagseite 1 bzw. 4. Versalzeilen wurden nicht ausgezeichnet. Hervorhebungen sind kursiviert. Der Zeilenfall wird nur in Gedichten kenntlich gemacht. Hinweise auf die Anlässe und die Erscheinungsnachweise stehen bei den Abbildungen unter der Reproduktion.

A-I-Z, Jahrgang IX, 1930

[1/30] **Wer Bürgerblätter liest wird blind und taub. Weg mit den Verdummungsbandagen!,** s. S. 18.

[2/30] **Zwangslieferantin von Menschenmaterial.** BU: Nur Mut! Der Staat braucht Arbeitslose und Soldaten! – In: Nr. 10, S. 183.

[3/30] **Für treue Dienste.** Unser bewährtes Aufsichtsratsmitglied Herrn Reichsinnenminister Karl Severing Mitglied der Sozialdemokratischen Partei ernennen wir hiermit ... zum Ehrendoktor [Dr. sanguinis causa] an der Polizeifakultät am Reichsinstitut für rationelle Ausbeutung. Die deutsche Bourgeoisie. Im Auftrage: Schacht. Berlin, den 23. März 1930. A: Carl Severing, 1920/21 Minister des Innern, ließ nach dem rechtsradikalen Kapp-Putsch am 13. 3. 20 den Aufstand im Ruhrgebiet durch die Reichswehr niederschlagen. – In: Nr. 11, S. 203.

[4/30] **Vandervelde oder Die vollkommene Schamlosigkeit.** BU: Vandervelde im Namen der II. Internationale: »Arbeiter Rußlands, kehret zurück zu *den* geordneten Zuständen der Demokratie!« A: Emile Vandervelde, belgischer Sozialist, war führendes Mitglied der Zweiten Internationale, aus der die Kommunisten 1919 durch die Gründung der Dritten Internationale austraten. – In: Nr. 22, S. 423.

[5/30] **Mac Donald-Socialism. Macdonald-Sozialismus.** BU: »Ich kann doch nicht untätig zusehen, daß *noch ein weiteres Sechstel der Erde* dem Kapitalismus *verloren geht«* »I really cannot remain inactive while capitalism is being threatened with the loss of another sixth of the world.« A: Ramsay MacDonald ist Mitbegründer der Labour Party [1893]. In der Weltwirtschaftskrise trennt sich MacDonald von der Partei und tritt im Herbst 1931 an die Spitze einer bürgerlichen Nationalregierung. – In: Nr. 28, S. 543.

[6/30] **Sonnenfinsternis am »befreiten« Rhein,** s. S. 19.
[7/30] **Spielereien eines pazifistischen Engels.** BU: Dr. Rudi Breitscheid: »Nun schießt mal!« A: Rudolf Breitscheid, außenpolitischer Sprecher der SPD, wird vor allem als »Erfüllungspolitiker« bekämpft. – In: Nr. 31, S. 601.
[8/30] **6 Millionen Naziwähler: Futter für ein großes Maul,** s. S. 17.
[9/30] **Noch ist Deutschland nicht verloren!** BU: »Die Sozialisierung marschiert!« / haben »Sozial«-Demokraten plakatiert, – / und haben zugleich beschlossen: / Sozialisten werden niedergeschossen. // Seitdem marschiert die Reaktion: / und heute schreien, wie zum Hohn, / National-»Sozialisten« / [daß ich nicht lache]: »Deutschland erwache!« // *Umsonst!* – Ihr Parteien der Niedertracht / habt die Rechnung ohne den Wirt gemacht: / *Der deutsche Arbeiter wird erwachen / und den Sozialismus zur Wirklichkeit machen!* – In: Nr. 41, S. 803.
[10/30] **Das tote Parlament,** s. S. 20.
[11/30] **Hurra, Hurra! Der Brüning-Weihnachtsmann ist da!** BU: Der Hitler-Christbaumschmuck ist keine böswillige Erfindung. Die Nationalsozialisten handeln tatsächlich damit. A: Reichskanzler Heinrich Brüning regiert mit »Notverordnungen zur Sicherung von Wirtschaft und Finanzen«, die Hitlers politische Absichten fördern. – In: Nr. 51, S. 1003.
[12/30] **Ein neues Jahr!,** s. S. 21.
1930 erschien gleichzeitig mit AIZ Nr. 35 eine illustrierte Wahlzeitung unter dem Titel ›Für Brot und Freiheit‹ mit einer Fotomontage von Heartfield als Umschlag.

A-I-Z, Jahrgang X, 1931

[1/31] **Man muß eine besondere Veranlagung zum Selbstmord haben,** wenn man vergißt, daß man die Sozialdemokratie in der Periode des Spartakismus sehr dringend gebraucht hat, und nicht bedenkt, daß man sie vielleicht eines Tages noch dringlicher brauchen wird. [Theodor Wolff im Berliner Tageblatt v. 15. 2. 31]. – In: Nr. 13, S. 253.
[2/31]**Zum Krisen-Parteitag der SPD,** s. S. 22.
[3/31] **Ob schwarz, ob weiß – im Kampf vereint,** s. S. 23.
[4/31] **Die letzte Weisheit der SPD: »Nieder mit dem Marxismus!«** BU: Als Karl Marx vor mehr als 80 Jahren das Wort

prägte, *daß die Arbeiter nichts zu verlieren hätten als ihre Ketten,* war es eine revolutionäre Tat. *Jetzt ist es,* wenn es für die Gegenwart nachgebetet wird, *eine stockreaktionäre Phrase!* [Sollman-Köln auf dem Leipziger SPD-Parteitag]. Sie sind verhaftet *als falscher Prophet,* Herr Karl Marx – wir haben nicht unsere Ketten zu verlieren, sondern unsere Futterkrippen und Ministersessel. – In: Nr. 27, S. 531.

A-I-Z, Jahrgang XI, 1932

[1/32] **Krieg und Leichen – die letzte Hoffnung der Reichen,** s. S. 24/25.
[2/32] **In diesem Zeichen will man euch verraten und verkaufen!,** s. S. 26.
[3/32] **Praktisches Christentum.** Zum Devaheim-Prozeß. BU: Pastor Cremer: »Lasset die Kindlein zu mir kommen ...« – In: Nr. 28 v. 10. 7., S. 651.
[4/32] **Adolf, der Übermensch,** s. S. 27.
[5/32] **Die Rote Einheit macht euch frei! Wählt Liste 3.** A: Nach dem Sturz der Regierung Brüning am 30. 5. 32 werden für Juli 1932 Neuwahlen ausgeschrieben. Die Wiederwahl Hindenburgs zum Reichspräsidenten am 10. 4. 32 kam mit den Stimmen der SPD zustande. Gegenkandidaten waren Ernst Thälmann, KPD, und Adolf Hitler, NSDAP. Hindenburg galt als das »kleinere Übel«. Der von der KP zunächst vorgeschlagene Heinrich Mann wurde von der SPD abgelehnt. – In: Nr. 30 v. 24. 7., S. 687 [US 1].
[6/32] **S. M. Adolf,** s. S. 28.
[7/32] **Wollt ihr wieder fallen, damit die Aktien steigen?!,** s. S. 29.
[8/32] **Zum 30. August 1932.** BU: ...Wenn das Parlament es wagen sollte, sich dem Reichspräsidenten zu versagen, muß ohne Zögern und Schwanken der Reichstag abermals aufgelöst, *das parlamentarische System endgültig liquidiert werden.* DAZ [Deutsche Allgemeine Zeitung]. A: Franz von Papen, der Nachfolger Brünings als Reichskanzler, regiert mit einem überparteilichen konservativen Präsidialkabinett. Zur Durchsetzung seiner Politik dient der Artikel 48 der Weimarer Verfassung, der dem Reichspräsidenten die Anwendung von Waffengewalt »zur Wiederherstellung der öffentlichen Sicherheit und Ordnung« gestattet.– In: Nr. 36 v. 4. 9., S. 843.

[9/32] **Kapitalistische Arbeitsbeschaffung:** »Von den sieben Millionen Arbeitslosen bauen zwei Millionen neue Zuchthäuser für die anderen fünf Millionen, die keine Arbeit bekommen können.« A: Arbeitslosigkeit in den westlichen Industriestaaten 1932: 30 Millionen, davon 6 Millionen im Deutschen Reich. – In: Nr. 38 v. 18. 9., S. 889 [US 1].
[10/32] **Je höher der Brotkorb – desto strammer der Maulkorb.** – In: Nr. 39 v. 25. 9., S. 915.
[11/32] **Der Sinn des Hitlergrusses,** s. S. 30.
[12/32] **15 Jahre Sowjet-Union.** BU: Wir schwören: »In der Stunde der Gefahr lassen wir unser *sozialistisches* Vaterland nicht im Stich.« A: 15. Jahrestag der Oktoberrevolution, die nach der Zeitrechnung neuen Stils am 7. 11. 17 stattfand. – In: Nr. 44 v. 30. 10., S. 1035.
[13/32] **Hitler und Hummel / der gleiche Rummel,** s. S. 31.
[14/32] **Aufrüstung tut not!,** s. S. 32.
[15/32] **6 Millionen kommunistische Stimmen,** s. S. 33.
[16/32] **Der Sinn von Genf,** s. S. 34.
[17/32] **...und Friede auf Erden!** – In: Nr. 51 v. 18. 12., S. 1187.
[18/32] **Kleiner SA-Mann, was nun?** BU: Zur »Beurlaubung« Gregor Strassers durch Adolf Hitler. A: In Anlehnung an den Romantitel ›Kleiner Mann, was nun?‹ von Hans Fallada wird nach den Hintergründen von Strassers Ausscheiden aus der NSDAP [1932] gefragt. Strasser leitete während Hitlers Haft die NSDAP. Am 30. 6. 34 wurde er beim Röhm-Putsch ermordet. – In: Nr. 52 v. 25. 12., S. 1227.

AIZ, Jahrgang XII, 1933

[1/33] **Glückliche Reise ins Neue Jahr wünscht die AIZ!** – In: Nr. 1 v. 1. 1., S. 1 [US 1].
[2/33] **Todeskonjunktur,** s. S. 35.
[3/33] **Kleiner SA-Heldenbilderbogen.** A: SA-Demonstrationen am Bülowplatz, Berlin, 29. 1. 33. – In: Nr. 6 v. 5. 2., S. 131.
[4/33] **Vereint kämpfen!** Schließt die Reihen gegen Faschismus und Reaktion! Wählt Kommunisten Liste 3. A: Reichstagswahl und Wahl zum Preußischen Landtag am 5. 3. 33. – In: Nr. 8 v. 19. 2., S. 169 [US 1].
[5/33] **Durch Licht zur Nacht,** s. S. 36.
[6/33] **Hitlers Programm,** s. S. 37.

[7/33] **Dem Kongreß der Antifaschisten in Kopenhagen.** BU: Hoohruck!/Setzt die Nazis unter Druck!/Packt an/Mann für Mann,/Bis die Fahne niederkracht./Einig seid Ihr eine Macht. A: Erster antifaschistischer Arbeiterkongreß Europas, Kopenhagen,4./5. 6. 33. – In: Nr. 20 v. 25. 5., S. 355.
[8/33] **Mit seinen Phrasen will er die Welt vergasen,** s. S. 38.
[9/33] **Morgan spricht: »Der Staat bin ich.«** BU: »Es hat gar keinen Sinn, daß ich Steuer abführe, denn letzten Endes laufen die Steuern doch immer in meine Tresors.« A: »Eine amerikanische Untersuchungskommission stellte fest, daß der Multimilliardär J. P. Morgan seit Jahren keine Einkommensteuer zahlte.« – In: Nr. 22 v. 8. 6., S. 387.
[10/33] **Zur Gründung der deutschen Staatskirche.** BU: Das Kreuz war noch nicht schwer genug. A: »Der Katholik Adolf Hitler organisierte die evangelische deutsche Staatskirche und ernannte einen Reichsbischof.« Am 27. 5. 33 wird Friedrich v. Bodelschwingh von den evangelischen Landeskirchen gegen Ludwig Müller von den Deutschen Christen als Kandidat für den Reichsbischof aufgestellt. – In: Nr. 23 v. 15. 6., S. 403.
[11/33] **Unverändert regiert in Deutschland das Klassengesetz. Alles Mitglieder der NSDAP.** BU: 1. Heinrich George, Schauspieler. 2. Prinz August Wilhelm [Auwi]. 3. Der Erbkronprinz. 4. Schmidt-Düsseldorf, preußischer Kommissar für Sonderaufträge. 5. Dr. Robert Ley, Gewerkschaftskommissar. 6. Rust, Kultusminister. A: Die NSDAP bemüht sich erfolgreich um prominente Mitglieder. Von einer »Arbeiter-Partei« kann nicht die Rede sein. – In: Nr. 24 v. 22. 6., S. 420/21.
[12/33] **Stützen der Gesellschaft:** »Alles in schönster Ordnung.« BU: Daladier, französischer Ministerpräsident: »Ich habe vom Beginn der Weltwirtschaftskrise an eine günstige Entwicklung der Probleme feststellen können. Die Verhandlungen scheinen fester umrissenen Lösungen entgegenzugehen, als man hoffen konnte.« MacDonald, Vorsitzender der Konferenz: »Ich kann in ehrlicher Überzeugung erklären, daß das Ergebnis der Konferenz sehr befriedigend ist.« A: Weltwirtschaftskonferenz, London, 2. 6.–7. 7. 33 mit Neville Chamberlain, dem britischen Schatzkanzler, Cordell Hull, dem amerikanischen Außenminister und engen Berater Roosevelts und dem englischen Ministerpräsidenten Ramsey MacDonald. – In: Nr. 25 v. 29. 6., S. 436.
[13/33] **So ward aus Hugenberg der Hugenzwerg.** BU: »Hitler, Hitler, gib mir meine Legionen wieder!« Hugenbergs Schwa-

nengesang//Gestern noch auf hundert Sesseln/heute sitz' ich in den Nesseln/morgen machen sie mich kalt/ ... deutsche Treue wird nicht alt! A: Der Industrielle und Politiker Alfred Hugenberg, zu dessen Imperium der Scherl-Verlag, die Telegraphen-Union, die Ufa u. a. gehörten, unterstützte die NSDAP tatkräftig. 1931 bildete er mit Hitler die Harzburger Front. Als Wirtschafts- und Ernährungsminister in Hitlers Kabinett wird er am 26. 6. 33 überraschend entlassen. – In: Nr. 26 v. 6. 7. 33, S. 451.

[14/33] **»Die Nation steht geschlossen hinter mir.«** BU: [Hitler über Deutschland] »Ich kenne keine Parteien mehr, ich kenne nur noch Gefangene!« A: Die politische Opposition im Deutschen Reich wird systematisch ausgeschaltet. Anspielung auf Wilhelm II., der bei Kriegsausbruch 1914 sagte: »Ich kenne keine Parteien mehr, ich kenne nur noch Deutsche.« – In: Nr. 27 v. 13. 7., S. 467.

[15/33] **Weil er sich aufs Programm der NSDAP berief.** BU: »Dir werden wir unsern »Sozialismus« im Konzentrationslager schon beibringen.« A: Am 7. 6. 33 verkündet Hitler die »Beendigung der Revolution« und wendet sich damit gegen die Machtansprüche der SA. – In: Nr. 28 v. 20. 7., S. 483.

[16/33] **Der Krieg,** s. S. 39.

[17/33] **Das Mörderkreuz.** BU: Wo ihr dies Zeichen seht, denkt daran:/Für euch ist das Blut der Genossen geflossen./Ihre brechenden Augen sprechen:/ *Ihr müßt uns rächen!* – In: Nr. 30 v. 3. 8., S. 515.

[18/33] **Werkzeug in Gottes Hand? Spielzeug in Thyssens Hand!** A: Wilhelm Kube, kurmärkischer Gauleiter und Sympathisant der Deutschen Christen, nennt den Führer ein »Werkzeug in Gottes Hand«. – In: Nr. 31 v. 10. 8., S. 529 [US 1].

[19/33] **Bekenntnis eines teutschen Übermenschen.** A: Rudolf Bindung schrieb an Romain Rolland: »Wir geben zu, daß in Deutschland Menschenjagden veranstaltet werden auf solche Menschen, die wir für nichtdeutsch zu erklären uns anmaßen ... Wir sind deutsch, was brauchen wir edel zu sein?« [Die Authentizität des Briefes war nicht nachweisbar]. – In: Nr. 32 v. 17. 8., S. 547.

[20/33] **»Spieglein, Spieglein an der Wand, wer ist der Stärkste im ganzen Land?« »Die Krise.«** A: Das internationale Währungsabkommen zur Überwindung der Weltwirtschaftskrise [Londoner Konferenz, 2. 6.–7. 7. 33] war nicht zustande gekommen. – In: Nr. 33 v. 24. 8., S. 562 [US 1].

[21/33] **Neuer Lehrstuhl an den deutschen Universitäten /Völkische Tiefenschau,** s. S. 40.
[22/33] **Die Wanze als Kammerjäger.** »Ich werde mein Haus doch noch von Ungeziefer rein kriegen!« A: Der preußische Innenminister, Wilhelm Frick, entzieht Heinrich Mann, Willi Münzenberg, Ernst Toller, Kurt Tucholsky u. a. die deutsche Staatsangehörigkeit. – In: Nr. 35 v. 7.9., S. 593 [US 1].
[23/33] **Goering, der Henker des Dritten Reichs,** s. S. 41.
[24/33] **Deutsche Eicheln 1933,** s. S. 42.
[25/33] **»Der Galgengruss«.** BU: »Zum Hitler-Gruß hebt seinen Arm/Göring, Preußens Generalgendarm./Sein Arm ist wie ein Galgen,/der Galgen wie sein Arm,/der brandgeschwärzt/und blutbefleckt/sich über Deutschland streckt.// Doch es kommt das Gericht,/das an den höchsten Galgen/ hängt dieses Galgengesicht!«// [Johannes R. Becher]. – In: Nr. 38 v. 28. 9.
[26/33] **Freie Zeugenvernehmung in Leipzig.** A: Am 21. 9. 33 beginnt der Reichstagsbrandprozeß gegen Marinus van der Lubbe, Georgi Dimitroff, Blagoy Popoff, Basil Taneff und Ernst Torgler. – In: Nr. 40 v. 12. 10., S. 688 [US 4].
[27/33] **Zum Brandstifter-Prozess in Leipzig.,** s. S. 43.
[28/33] **Hitler erzählt Märchen I,** s. S. 44.
[29/33] **Gleiche Brüder/Gleiche Mörder.** s. S. 45.
[30/33] **Der Richter** [BU:] **Der Gerichtete,** s. S. 46.
[31/33] **Der Henker und die Gerechtigkeit,** s. S. 47.
[32/33] **Friede auf Erden?** BU: Kein Friede auf Erden, solange die Armen ärmer werden! – In: Nr. 50 v. 21. 12., S. 835.
[33/33] **Das Urteil der Welt!** BU: In seinen Zügen steht geschrieben, was das Gericht verschwiegen hat. – In: Nr. 51 v. 28. 12., S. 851.

AIZ, Jahrgang XIII, 1934

[1/34] **Ab 1. Januar neue Briefmarken im Dritten Reich.** – In: Nr. 1 v. 4. 1., S. 3.
[2/34] **Das erneuerte Horst-Wessel-Lied:** Die Preise hoch,/ Kartelle fest geschlossen/ ... A: Die Arbeitslosigkeit im Reich wird durch die geheime Wiederaufrüstung erfolgreich bekämpft. Die Preise steigen. – In: Nr. 2 v. 11. 1., S. 17 [US 1].
[3/34] **Der Reichsbischof richtet das Christentum aus,** s. S. 48.

[4/34] **Lubbes Grab.** BU: »Verdammt, je tiefer wir ihn vergraben, desto mehr kommt die Wahrheit ans Licht!« A: Am 23. 12. 33 wird Marinus van der Lubbe durch das Leipziger Reichsgericht zum Tode verurteilt, aber nicht hingerichtet; Dimitroff, Popoff, Taneff und Torgler werden freigesprochen, aber nicht freigelassen. – In: Nr. 4 v. 25. 1., S. 51.

[5/34] **Arbeiterführer des Dritten Reichs oder: Der Bock als Gärtner.** BU: »Gefolgschaft, mal herhören! Unser Führer hat bestimmt: Ab heute bin *ich* euer Führer, weil ich euer Chef bin und den Profit einstecke.« A: Die NSDAP war dem Namen nach eine *Arbeiter*-Partei. – In: Nr. 5 v. 1. 2., S. 67.

[6/34] **Nach einem Jahr.** BU: Fassade unverändert – Kater und Pleitegeier nicht mehr wegzuleugnen. A: Zum ersten Jahrestag des Dritten Reichs am 5. März. – In: Nr. 6 v. 8. 2., S. 83.

[7/34] **Ihre Angst nimmt zu/Ihr Terror nimmt zu.** BU: Diehls, Chef der Geheimen Staatspolizei [ehem. Demokrat]: Melde meinem Führer gehorsamst: Keinerlei Anlaß sich wegen der Erstarkung der KPD zu beunruhigen. 60 Millionen Geiseln fest in unserer Hand. Jederzeit auf der Flucht erschießbar. A: John Scheer, Erich Steinfurth, Eugen Schönhaar und Rudolf Schwarz, Mitglieder der KPD, werden »auf der Flucht erschossen«. – In: Nr. 7 v. 15. 2., S. 112 [US 4].

[8/34] **Wien . . .,** s. S. 49.

[9/34] **Die alte Welt hat ihre Pleitegeier,** s. S. 50.

[10/34] **Der alte Wahlspruch im »neuen« Reich: Blut und Eisen,** s. S. 51.

[11/34] **Der Unterschied.** BU: Wer die Verfassung schützt, die der Reichskanzler beschworen hat, *wird geköpft.* Wer die Verfassung schützt, die der Bundeskanzler beschworen hat, *wird gehängt.* A: Vergleich Deutschlands mit dem autoritären System in Österreich unter Dollfuß. – In: Nr. 11 v. 15. 3., S. 176 [US 4].

[12/34] **Sowjetaufbau und Naziaufbau.** BU: Die Sowjetunion ist eine der größten Industriemächte der Welt geworden. Die Sammelaktionen haben riesenhafte Ausmaße angenommen. – A: Zur Finanzierung der Aufrüstung werden im Reich Straßensammlungen unter unverfänglichen Namen abgehalten. – In: Nr. 12 v. 22. 3., S. 192 [US 4].

[13/34] **»O, du mein humanes Österreich!«** BU: Je größer das Kaliber, umso größer die Humanität. A: Der Einsatz von Kanonen bei den Februaraufständen in Österreich wird von der Wiener ›Reichspost‹ als besonders humaner Akt gefeiert, »weil

sie die Entscheidung beschleunigten und so der Zahl der Opfer eine Grenze setzten«: – In: Nr. 13 v. 29. 3., S. 195.
[14/34] **Hjalmar oder Das wachsende Defizit,** s. S. 52.
[15/34] **»Ein feste Burg ist unser Genf«,** S. S. 53.
[16/34] **Mimikry,** s. S. 54,
[17/34] **Zur Intervention des Dritten Reichs,** s. S. 55.
[18/34] **Die Väter des Arbeitsgesetzes in Nöten.** BU: »Wie bringen wir ihm das Lohnabführmittel nur bei?« A: »Das Inkrafttreten des Arbeitsgesetzes, das am 1. Mai erfolgen sollte, wurde auf unbestimmte Zeit verschoben.« – In: Nr. 19 v. 10. 5., S. 304 [US 4].
[19/34] **Dr. Goebbels, der Gesundbeter.** BU: »60 Millionen antreten zum Nachbeten!« A: Zur Potenzierung der Produktionskraft leitet Goebbels eine umfassende Propagandakampagne im Reich ein. – In: Nr. 20 v. 17. 5., S. 320 [US 4].
[20/34] **Lenins Vision ward Wirklichkeit.** A: Die Auslieferung des 100 000. Traktors durch die Stalingrader Traktorenwerke. 1919 hatte sich Lenin selbst der Phantastik geziehen, als er von 100 000 »erstklassigen Traktoren« sprach. – In: Nr. 21 v. 24. 5., S. 336 [US 4].
[21/34] **Wie im Mittelalter...,** s. S. 56.
[22/34] **Gespräch im Berliner Zoo,** s. S. 57.
[23/34] **Die Nachtleuchter tagen in Brüssel.** BU: Wo die hinleuchten, wirds duster! A: Tagung des Exekutivausschusses der II. Internationale in Brüssel. – In: Nr. 24 v. 14. 6., S. 384 [US 4].
[24/34] **Idylle im Dritten Reich.** BU: Szene aus dem deutschen Kriminalfilm »Der Vierjahresplan«. A: Die Stabilisierung der Währung, die Schacht fordert, widerspricht Hitlers Plänen zur Ausweitung der Rüstungsproduktion, die von Wirtschaftsminister Kurt Schmitt unterstützt wird. – In: Nr. 25 v. 21. 6., S. 400 [US 4].
[25/34] **Der Pakt von Venedig,** s. S. 58.
[26/34] **Meck und Mies im Dritten Reich.** [T: Fabel v. Wieland Herzfelde.] – In: Nr. 27 v. 5. 7., S. 432 [US 4].
[27/34] **Treue um Treue,** s. S. 59.
[28/34] **30. Juni 1934,** s. S. 60.
[29/34] **Faschismus sein letzter Retter,** s. S. 61.
[30/34] **Schluß damit!** BU: Profitwirtschaft Krise Faschismus Krieg. A: Sondernummer der ›AIZ‹ über Hitlers Kriegsvorbereitungen. – In: Nr. 30 v. 26. 7., S. 488 [US 4].
[31/34] **Die Toten, der großen Idee gestorben, werden Millio-**

nen Vorbild sein! A: Zur Verfolgung und Ermordung kommunistischer Genossen im Reich. – In: Nr. 31 v. 2. 8., S. 504 [US 4].

[32/34] **Herr von Papen, ein Gesandter, doch kein Geschickter.** BU: Treu seiner diplomatischen Gewohnheit hat Herr v. Papen seine für Wien bestimmte Aktenmappe schon im vorhinein verloren. Hier ist sie! A: Die Reichsregierung distanziert sich von dem nationalsozialistischen Putsch in Österreich am 25. 7. 33 und der Ermordung des Kanzlers Engelbert Dollfuß erst, nachdem italienische Truppen am Brenner aufmarschieren. – In: Nr. 32 v. 9. 8., S. 520 [US 4].

[33/34] **Deutsche Naturgeschichte,** s. S. 62.

[34/34] **Sein Kampf mit seinem »Kampf«.** BU: »Fort mit Schaden! Hauptsache: die russischen Seiten bleiben drin.« A: Außenpolitische Rücksichten zwingen Hitler zur Zurückstellung seiner territorialen Forderungen. Die Reichsregierung schließt zur Überraschung der Welt am 26. 1. 34 einen Nichtangriffspakt mit Polen. – In: Nr. 34 v. 23. 8., S. 537 [US 1].

[35/34] **Fünf Millionen Nein,** s. S. 63.

[36/34] **Thälmann,** das ist eine Fahne! Die grosse heilige Sache der Menschheit! Die Idee [André Gide]. BU: Thälmann muß gewonnen werden wie eine Schlacht [Henri Barbusse]. A: Ernst Thälmann, seit 1925 Vorsitzender der KPD, befindet sich seit 3. 3. 33 in Haft. Die Prozeßeröffnung wegen Hochverrats wird immer wieder verschoben. – In: Nr. 36 v. 6. 9., S. 569 [US 1].

[37/34] **Nach zwanzig Jahren!,** s. S. 64/65.

[38/34] **Das tausendjährige Reich,** s. S. 66.

[39/34] **Jedem Kriegsopfer sein Ehrenkreuz!** A: Die Kürzung von Kriegsopfer- und Hinterbliebenenrenten wird durch Ehrenkreuze vergolten. – In: Nr. 39 v. 27. 9., S. 632 [US 4].

[40/34] **Alle Fäuste zu einer geballt,**/zeigt dem Faschismus eure Gewalt!/Was sie in Frankreich, im Saarland gekonnt:/Antifaschisten in einer Front,/Überall muß es so werden! A: Aufruf zur Antifaschistischen Aktionseinheit bei der Abstimmung an der Saar im Januar 1935. – In: Nr. 40 v. 4. 10., S. 633 [US 1].

[41/34] **Herr von Papen auf dem Jagdpfad.** A: Ein Jagdausflug Franz von Papens nach Ungarn dient als Vorwand für die Abstimmung der Reichsinteressen mit der rechtsgerichteten und antisemitischen Regierung Gyula Gombös. – In: Nr. 41 v. 11. 10., S. 664.

[42/34] **Ruhe herrscht wieder in Barcelona,** s. S. 67.

[43/34] **Schützt die Saar vor des Henkers Beil.** Deutsches Land haltet frei/von der braunen Barbarei. Alle für den status quo! A: Seit Juli 1933 fordert die NSDAP innerhalb der Koalition der Deutschen Front die Eingliederung des Saargebiets ins Reich. – In: Nr. 43 v. 25. 10., S. 681 [US 1].

[44/34] **Ein neuer Mensch – Herr einer neuen Welt.** A: Zum 17. Jahrestag der Sowjetunion. – In: Nr. 44 v. 1. 11., S. 697.[US 1].

[45/34] **Ein gefährliches Eintopfgericht,** s. S. 68.

[46/34] **Zu Schillers 175. Geburtstag.** 10. November 1934. BU: Reichsinnenminister Dr. Frick: »Was hat der Kerl geschrieben? ›Eine Grenze hat Tyrannenmacht!‹ Den hätte ich glatt ausgebürgert.« – In: Nr. 46 v. 15. 11., S. 752 [US 4].

[47/34] **Krisenfestes Rindvieh.** BU: Nach langwierigen Versuchen ist es endlich gelungen, die ideale Kuh zu züchten. Der Import kostspieliger Rindviehvernichtungsmaschinen wird dadurch überflüssig. Das bedeutet einerseits gewaltige Devisenersparnisse für die viehzuchttreibenden Länder, erschwert allerdings andererseits den Export der verbleibenden Normalrindviehbestände in die maschinenerzeugenden Länder. Einige Regierungen sind, infolge der Quertreibereien der Exporteure, über die neue Kreuzung bereits gestürzt. Bildbericht unseres Berichterstatters John Heartfield. – In: Nr. 47 v. 22. 11., S. 768 [US 4].

[48/34] **Gestapo-Briefe an deutsche Frauen,** s. S. 69.

[49/34] **Neudeutscher Kraft-Akt.** BU: »Hallo, Mannen!« schreit Schacht,/»Hoch die Mark! Nicht schlapp gemacht!/ Wenn erst Mitte Januar/abgestimmt ist an der Saar,/stürzt sie doch – was macht's denn schon? –/in die schönste Inflation!« A: Hjalmar Horace Greely Schacht war von 1933–1939 Reichsbankpräsident, von 1934–1937 zugleich Reichswirtschaftsminister. – In: Nr. 49 v. 6. 12., S. 800 [US 4].

[50/34] **»Arbeitsschlacht«,** s. S. 70.

[51/34] **Die Röchling-Rechnung,** s. S. 71.

[52/34] **O Tannenbaum im deutschen Raum, wie krumm sind deine Äste!,** s. S. 72.

AIZ, Jahrgang XIV, 1935

[Untertitel ab Nr. 41: Das Illustrierte Volksblatt.]

[1/35] **Die drei Weisen aus dem Sorgenland,** s. S. 73.

[2/35] **Der braune Tod vor den Toren.** BU: Es greift der Tod das Saarland an;/doch ist's in eure Macht gegeben,/daß er es nicht erwürgen kann:/Wählt status quo! Schützt euer Leben! A: 90,5% stimmen am 10.1 35, nach 15jähriger Verwaltung durch den Völkerbund, für die »Heimkehr ins Reich«. – In: Nr. 2 v. 10. 1., S. 32 [US 4].

[3/35] **Ernst Moritz Arndt,** der deutsche Freiheitsdichter, spricht: Krieg und Zerstörung wird nicht mangeln, solange dieser lebt, der mordet, wann er schmeichelt, lügt, wann er schwört, Verderben meint, wann er von Frieden klingt, auf Vernichtung sinnt, wann er von Freundschaft und Bundesgenossenschaft spricht. Er hat bis jetzt gespielt, zweideutig und zweifelhaft vielen, er wird hinfort offener spielen müssen – seine Larve ist fast zerrissen – aber desto blutiger und verderblicher wird er spielen. Er ist Werkzeug der Zerstörung, nicht der Gründung. BU: Darum stimmt die Saar für status quo! – In: Nr. 3 v. 17. 1., S. 48 [US 4].

[4/35] **»Freie« Abstimmung an der Saar,** BU: »Der Völkerbund garantiert die Freiheit, die Aufrichtigkeit und Geheimhaltung der Wahl.« – In: Nr. 4 v. 24. 1., S. 49 [US 1]

[5/35] **Hitlers Friedenstaube,** s. S. 74.

[6/35] **Fantasie zweier Ostpaktjäger,** s. S. 75.

[7/35] **Es kommt der Tag...** BU: Die internationale Arbeiterklasse an Rákosi: »Sind auch stark die Mauern, die dich umgeben, brüchig ist die Macht, die dich gefangen hält.« A: Mátyás Rákosi, Volkskommissar unter Bela Kun, wurde mehrmals als Kommunist verurteilt. – In: Nr. 8 v. 21. 2. S. 128 [US 4].

[8/35] **Das Spiel der Nazis mit dem Feuer,** s. S. 76.

[9/35] **Neue Erfolge der Naziheilkunde: Senf statt Käse.** BU: »Weg mit dem weißen Käse! Brauner Senf ist das einzige Heilmittel.« A: »Die Sekte des nationalistischen Wunderdoktors Weißenberg, der gegen alle Leiden weißen Käse verschrieb, wurde verboten.« – In: Nr. 10 v. 8. 3., S. 160 [US 4].

[10/35] **Diagnose,** s. S. 77.

[11/35] **Hitlers bester Freund.** BU: Streicher, der Schänder Deutschlands. A: Julius Streicher ist der Herausgeber der NS-Zeitung ›Der Stürmer‹, deren antisemitischer Radikalismus traurige Berühmtheit erlangt. – In: Nr. 33 v. 15. 8., S. 528 [US 4].

[12/35] **Auch ein Propagandaminister.** BU: Hitler: »Goebbels, Goebbels, gib mir meine Millionen wieder!« – In: Nr. 35 v. 22. 8., S. 544 [US 4].

[13/35] **Nur die geeinte Front der Schaffenden sichert den Frieden!** – In: Nr. 36 v. 5.9., S. 561.

[14/35] **Das Neueste: Der Reichstag brannte in Moskau!** A: Goebbels behauptet auf dem Strafrechtskongreß in Berlin, der Reichstag sei von den Kommunisten angezündet worden und folgert daraus, daß eine politische Bewegung, die mit »Brand und Terror die Menschen in Schrecken« versetze, »die Vernichtung« verdiene. – In: Nr. 37 v. 12.9., S. 592 [US 4].

[15/35] **Gesang der Antisemiten.** »Was frag' ich viel nach Gut und Geld,/wenn ich kein Jude bin./Zu werden satt auf dieser Welt/hat nur der Jud im Sinn./Mein Führer schlägt die Juden tot/und wendet so des Volkes Not.« A: Am 15.9.35 werden die Nürnberger Gesetze beschlossen: Nach dem »Reichsbürgergesetz« können die Juden weder Reichs- noch Gemeindebürger sein. Das »Blutschutzgesetz« verbietet die Eheschließung von Juden mit Angehörigen »deutschen oder artverwandten Blutes«. – In: Nr. 38 v. 19.9., S. 608 [US 4].

[16/35] **Klumpfüsschens Wunschtraum.** BU: »Hinweg mit diesen degenerierten Untermenschen!«– A: Zitat aus der Rede von Propagandaminister Dr. Goebbels auf dem Nürnberger Parteitag. – In: Nr. 39 v. 26.9., S. 624 [US 4]

[17/35] **Nürnberg: 60 Grad im Schatten!** BU: Herr Führer deklamiert, heiser, aber in vollem Ernst: »Geknechtete Jugend Rußlands, von Juda entehrt und geschändet, ich bin der kühne Befreier, der dein furchtbares Schicksal wendet!« A: »Zur Rede Hitlers gegen die Sowjet-Union auf dem Nürnberger Parteitag.« – In: Nr. 40 v. 3.10., S. 640 [US 4].

[18/35] **Der Platz an der Sonne,** s. S. 78.

[19/35] **Goebbels-Rezept gegen die Lebensmittelnot in Deutschland.** BU: »Was? Schmalz und Butter fehlt beim Essen? Ihr könnt ja eure Juden fressen!« A: Am 15.9.35 wurden die ›Nürnberger Gesetze‹ verkündet. – In: Nr. 43 v. 24.10., S. 688 [US 4].

[20/35] **Der Ehrendolch,** s. S. 79.

[21/35] **Lied der Heil-Armee.** Auf dem Nürnberger Trichter zu blasen nach der Melodie »O Monna«. [T: Wieland Herzfelde]. – In: Nr. 46 v. 14.11., S. 736 [US 4].

[22/35] **Die Lehre des Wolfes.** BU: »Der Begriff des ›Tieres‹ ist abzulehnen. Er verdreht und verfälscht die Verschiedenheiten von Schaf, Huhn, Gans, Esel, Pferd, Hase, Kalb, Ziege, kurz jener Wesen, die nur dazu da sind, von mir gefressen zu werden.« A: Prof. Carl Schmitt auf der »Arbeitssitzung der

Reichsfachgruppe Hochschullehrer im Bunde nationalsozialistischer Deutscher Juristen«: »Der Begriff des ›Menschen‹ ist abzulehnen. Er verdreht und verfälscht die Verschiedenheiten von Volksgenosse, Reichsbürger, Ausländer, Jude usw.« – In: Nr. 47 v. 21. 11., S. 752 [US 4].
[23/35] **Programm der Olympiade Berlin 1936,** s. S. 80/81.
[24/35] **Alle Mann anpacken!** – In: Nr. 49 v. 5. 12., S. 784 [US 4].
[25/35] **Übermensch in Nöten.** A: Im Oktober 1935 fallen zwei italienische Armeen in Abessinien ein, um sich der Ölvorkommen zu bemächtigen. – In: Nr. 50 v. 12. 12., S. 800 [US 4].
[26/35] **Hurrah, die Butter ist alle!** BU: Goering in seiner Hamburger Rede: »Erz hat stets ein Reich stark gemacht, Butter und Schmalz haben höchstens ein Volk fett gemacht.« – In: Nr. 51 v. 19. 12., S. 816 [US 4].
[27/35] **»O du fröhliche, o du selige, gnadenbringende Zeit«.** – In: Nr. 52 v. 26. 12., S. 832 [US 4].

AIZ, Jahrgang XV, 1936

Untertitel: Das Illustrierte Wochenblatt
[Nr. 33 v. 12. 8. ist die letzte Ausgabe unter dem Titel AIZ.]

[1/36] **Führerfahrt ins Neue Jahr.** – In: Nr. 1 v. 2. 1., S. 16 [US 4].
[2/36] **Neueste Muster der Nazi-Lebensmittelindustrie 1936.** – In: Nr. 2 v. 9. 1., S. 32 [US 4].
[3/36] **Uniformfassen für den Reichstag zu Worms.** BU: Da das Reich rüstet, müssen sich auch Hitlers Knappen rüsten. A: Geplante Sondersitzung des Reichstags in Worms in Erinnerung an den Reichstag von 1495, auf dem Maximilian I. seine Reichsreform verkündete. – In: Nr. 4 v. 23. 1., S. 64 [US 4].
[4/36] **Nach drei Jahren** [BU:] **in der Zange!** A: Zum dritten Jahrestag der Vereidigung der Präsidialregierung Hitler am 30. Januar. – In: Nr. 5 v. 30. 1., S. 80 [US 4].
[5/36] **Zum Fall Hamsun–Ossietzky. Knut Hamsuns Kandidaten für den Friedens-Nobelpreis.** A: Knut Hamsun veröffentlicht am 22. 11. 35 in ›Aftenposten‹ und ›Tidens Tegn‹ gleichlautende gehässige Artikel gegen die Auszeichnung des im deutschen Konzentrationslager inhaftierten Carl von Ossietzky mit dem Friedensnobelpreis 1935. – In: Nr. 6 v. 6. 2., S. 96 [US 4].

[6/36] **An einen sterbenden italienischen Soldaten.** BU: Gefallen... Wofür? Den Abessiniern Kultur und Freiheit zu bringen? Nein, zu mehren den Glanz Deiner eignen Herren!... A: Die italienische Invasion in Abessinien ist, entgegen den offiziellen Verlautbarungen, äußerst verlustreich. – In: Nr. 7 v. 13. 2., S. 112 [US 4].

[7/36] **Der Sekt ist steuerfrei! Und das ist:** [BU:] **Deutscher Sozialismus.** – In: Nr. 8 v. 20. 2., S. 128 [US 4].

[8/36] **Folgt dem Beispiel Spaniens!** A: Am 16. 2. 36 gewinnt die Volksfront die spanischen Parlamentswahlen. Präsident Azana bildet eine liberale Regierung. – In: Nr. 9 v. 27. 2., S. 144 [US 4].

[9/36] **Hitler erzählt Märchen II,** s. S. 82.

[10/36] **Sie richten das Volk, solange das Volk nicht sie richtet!,** s. S. 83.

[11/36] **Stimme aus dem Sumpf,** s. S. 84.

[12/36] **Das darf nicht wahr werden!** BU: Nicht wieder darf ein als »Fetzen Papier« behandelter Vertrag die Welt in einen Friedhof verwandeln! A: Mit der Kündigung des Vertrags von Locarno und dem Einmarsch in das entmilitarisierte Rheinland wird der Versailler Vertrag gebrochen. Bethmann-Hollweg nannte den Neutralitätsvertrag zwischen Deutschland und Belgien 1914 einen »Fetzen Papier«. In: Nr. 13 v. 26. 3., S. 208 [US 4].

[13/36] **Braune A-B-C-Schützen.** BU: Das Einmaleins läßt sich auch mit Hufnägeln lehren. Für Mathematik finden sich in der Schießlehre die schönsten Anwendungsmöglichkeiten! In der Geographie kann der Weltkrieg unbeschränkt zu seinem Rechte kommen. – A: »Aus dem Sonderheft der ›Deutschen Schule‹, Zeitschrift des offiziellen NS-Lehrerbundes, Berlin.« – In: Nr. 14 v. 29. 3., S. 224 [US 4].

[14/36] **Und auf Hitlers Friedensangebote folgen »alsbald« seine Friedenstauben.** – In: Nr. 15 v. 5. 4., S. 225 [US 1].

[15/36] **Wenn Hitler von Frieden spricht, denkt daran: Der Friede sitzt mit Ernst Thälmann im Kerker. Freiheit für Thälmann – Friede für die Welt!** A: Ernst Thälmann begeht seinen 50. Geburtstag im Gefängnis. Die Anklage wegen Hochverrat wird immer wieder verschoben. – In: Nr. 16 v. 12. 4., S. 256 [US 4].

[16/36] **Faschistische Ruhmesmale.** BU: Denkmal des Duce in Abessinien. A: Abessinien wird 1936 von Italien annektiert. Hitler unterstützt das Unternehmen Mussolinis wirtschaftlich und propagandistisch. – In: Nr. 29 v. 15. 7., S. 458 steht folgende Notiz: »Der Fotomonteur hat es vorausgeahnt! ... Heartfield errichtete dem Faschismus ein Ruhmesmal aus den Schädeln der von ihm geopferten Soldaten. Es war das eine grausame Ironie ... Heute lesen wir, daß Mussolini wahr gemacht hat, was Heartfield montierte. Die prager Zeitungen veröffentlichen eine turiner Meldung folgenden Inhalts: ›Ministerpräsident Mussolini genehmigte nach einem amtlichen Bericht den Vorschlag der turiner Faschistenorganisation, demzufolge auf dem Gipfel des Amba Aladschi ein großartiges Ossarium errichtet werden soll, in dem die Gebeine von 8000 gefallenen Soldaten aufgeschichtet werden.‹ Das Ceske Slovo vermerkt zu dieser Meldung noch, daß sie die bisherigen ebenfalls amtlichen Verlustangaben, die von insgesamt 2313 Toten sprachen, sehr stark korrigiert.« – In: Nr. 17 v. 22. 4., S. 272 [US 4].

[17/36] **Wir lieben vereint, wir hassen vereint, wir haben alle nur einen Feind: Die Sowjetunion und den Frieden!** A: Jiro Minami [r.], Oberkommandierender der japanischen Kwatungarmee und Hermann Göring [l.], seit 1935 Oberbefehlshaber der Luftwaffe. Im November 1935 schließen Deutschland und Japan den Antikomintern-Pakt gegen die UdSSR. – In: Nr. 19 v. 6. 5., S. 304 [US 4].

[18/36] **Seht nach Spanien und Frankreich!** BU: Wie ein Rad ins andere greift, muß eine Hand die andere greifen, damit in allen Ländern die Volksfront den Faschismus schlägt! A: Der Führer der KP Frankreichs, Maurice Thorez, schlägt im Mai 35 zur Überwindung der faschistischen Gefahr eine »Volksfront« vor. In Spanien gewinnt die Volksfront am 16. 2. 36 die Wahlen. – In: Nr. 20 v. 13. 5., S. 320 [US 4].

[19/36] **Bevor der Krieg euch fällt, muß er fallen! Schafft die Volksfront, die den Frieden sichert!** – In: Nr. 22 v. 27. 5., S. 352 [US 4].

[20/36] **Antwort auf ein Nazi-Plakat.** [T des Plakats: Wir starben für Euch! Und ihr wollt uns verraten?]. BU: Nein! Und darum darf Hitler das Verbrechen von 1914 nicht wiederholen. – In: Nr. 24 v. 10. 6., S. 384 [US 4].

[21/36] **Dem unbekannten Genossen,** s. S. 85.

[22/36] **Berlin ruft zur Olympiade.** BU: Antwort auf diesen Ruf: Die Olympiade-Sondernummer der AIZ nächste Woche. A: Im August 1936 finden die Olympischen Spiele »unter der Schirmherrschaft des Führers und Reichskanzlers« in Berlin statt. – In: Nr. 26 v. 24. 6., S. 416 [US 4].

[23/36] **Come and see Germany!** Der Zweck vons Janze/ »Olympiagäste, im Gleichschritt – marsch!« – In: Nr. 27 v. 1. 7., S. 432 [US 4].
[24/36] **Rettet Edgar André**[e], **den deutschen Friedenskämpfer!** A: Für André, den Arbeiterführer und Kommandeur des Hamburger Aufstands von 1923, beantragt der Staatsanwalt Ende Juni 1936 die Todesstrafe und Aberkennung der bürgerlichen Ehrenrechte. – In: Nr. 28 v. 8. 7., S. 448 [US 4].
[25/36] **Gangster in Genf.** BU: »Danzig her! Dann beginnen wir den Krieg vielleicht etwas später.« A: Die NSDAP unter Gauleiter Albert Forster erringt schon am 28. 5. 33 51% der Stimmen bei den Volkstagswahlen. Die »Einverleibung« des Freistaats Danzigs erfolgt am 7. 10. 39. – In: Nr. 29 v. 15. 7., S. 464 [US 4].
[26/36] **Normalisierung,** s. S. 86.
[27/36] **Keine Antwort ist auch eine Antwort.** BU: Und die Moral von der Geschicht: Angle mit Fragezeichen nicht. A: Die englische Regierung bittet um Erklärungen über Deutschlands Verhältnis zu Österreich. Die Antwort ist ein im Juli 1936 getroffenes Abkommen, das Italien, Österreich und Deutschland durch »freundschaftliche Beziehungen« aneinander bindet. – In: Nr. 32 v. 5. 8., S. 512 [US 4].
(28/36] **Sorgen brauner Generale.** BU: »Verdammt, es scheint schief zu gehen – dabei haben wir das Feuerchen ebenso gut vorbereitet wie beim Reichstagsbrand.« A: Die Unterstützung Franco-Spaniens durch das Reich und Italien bringt nicht den erhofften Erfolg. – In: Nr. 33 v. 12. 8., S. 528 [US 4].

VI, Die Volks-Illustrierte, Jahrgang [I] 1936

[29/36] **Die Freiheit selbst kämpft in ihren Reihen,** s. S. 87.
[30/36] **»Völkische« ohne Volk,** BU: »Heil Franco! der wird angeworben für die Eroberung von Madrid.« A: General Franco wirbt 30 000 Marokkaner zum Kampf gegen die Regierungstruppen an. – In: Nr. 2 v. 26. 8., S. 32 [US 4].
[31/36] **Weg frei für den Frieden!,** s. S. 88.
[32/36] **Schatten über Europa.** BU: Zur Einführung der zweijährigen Dienstzeit im Dritten Reich. A: Im August 1936 wird die seit März 1935 wieder bestehende Allgemeine Wehrpflicht auf zwei Jahre erhöht. – In: Nr. 4 v. 9. 9., S. 64 [US 4].

[33/36] **Grosses Monstre-Lügenkabinett.** BU: »Hereinspaziert, meine Herrschaften! Hier sehen Sie Spanien mit den Augen eines unparteiischen Beobachters. Die letzten Sensationen! Nervenaufpeitschende Aufklärung! Hier können Sie das Gruseln lernen! Alles für einen Groschen.« Einer gewissen »großen Presse« nach Lektüre ihrer Spanienberichte in ehrfurchtsvoller Bewunderung gewidmet von John Heartfield. A: Die von Minister Hjalmar Schacht entschieden bestrittene deutsche Einmischung in Spanien wird durch die bei der Landesgruppe Spanien in Barcelona aufgefundenen Dokumente bewiesen. – In: Nr. 5 v. 16. 9., S. 80 [US 4].
[34/36] **Franco-Geographie.** BU: Lissabon ist die Hauptstadt, Marokko das Herz Spaniens. Dessau, der Sitz der Junkers-Flugzeugwerke, liegt in Andalusien. Burgos ist ein Vorort von Nürnberg. – In: Nr. 7 v. 30. 9., S. 112 [US 4].
[35/36] **Wieder einmal in der Welt voran...,** s. S. 89.
[36/36] **1914 Belgien, 1936 Spanien.** BU: Neutralität? Ein Fetzen Papier! A: Der kaiserliche Reichskanzler Bethmann-Hollweg nannte den durch den Einmarsch deutscher Truppen in Belgien gebrochenen deutsch-belgischen Neutralitätsvertrag »einen Fetzen Papier«. – In: Nr. 11 v. 28. 10., S. 176 [US 4].
[37/36] **Beefsteaks raus! Nieder mit den Schnitzeln!** BU: Beefsteaks und Schnitzel will nur der marxistische Untermensch. Der Arier hält sich an den nordischen Wal. A: In deutschen Presseverlautbarungen werden Fischgerichte popularisiert: »Die Sendung der deutschen Kochkunst geht dahin, die an die Scholle gebundenen Gerichte wieder auf die Speisekarte zu bringen.« [Reichsköcheführer Leitz]. – In: Nr. 12 v. 4. 11., S. 192 [US 4].
[38/36] **Hunger ist der beste Koch.** BU: »Der Mann hat sich unpatriotisch ernährt, er hat erst 7 Pfund abgenommen.« A: Göring in einer Rede zum Vierjahresplan: »Ich selbst esse schon seit längerer Zeit keine Butter mehr und habe um 20 Pfund abgenommen.« – In: Nr. 13 v. 11. 11., S. 204 [US 4].
[39/36] **Edgar André.** BU: Sollten Sie trotzdem das Unmögliche möglich machen und einen Kämpfer zum Richtblock bringen, so bin ich bereit, diesen schweren Gang zu gehen; denn ich will keine Gnade. Als Kämpfer habe ich gelebt und als Kämpfer werde ich sterben! Aus Edgar Andrés letzter Rede vor dem Sondergericht. A: Edgar André wurde am 4. 11. 36 hingerichtet.– In: Nr. 14 v. 18. 11., S. 213.
[40/36] **Madrid 1936,** s. S. 90.

[41/36] **Fremdenlegionäre fern vom Schuß.** BU: Nichts liegt ferner uns als Lüge,/aber Franco ist unser Held,/ihm erfinden wir seine Siege,/denn dazu sind wir bestellt. A: Die Weltpresse feiert am 8./9.11. die Einnahme Madrids durch die Franco-Truppen. Tatsächlich wird Madrid am 28. 3. 39 kampflos besetzt. – In: Nr. 16 v. 2.12., S. 245.
[42/36] **Der Sinn des Paktes Berlin-Tokio.** BU: »Abgemacht. Wer nicht mit uns ist, ist Kommunist.« A: Am 25.11.36 schließen Japan und Deutschland den Antikomintern-Pakt. Dem Vertrag ist ein gegen die UdSSR gerichtetes Geheimprotokoll beigegeben. – In: Nr. 18 v. 16.12., S. 285.
[43/36] **Die Mütter an ihre Söhne in Francos Diensten,** s. S. 91.
[44/36] **Noch immer kein »Friede auf Erden«.** BU: Heute Spanien... Morgen die Welt?/Es darf nicht sein. Schließt die Reihn!/Reicht euch die Hände. Macht dem Frevel ein Ende! – In: Nr. 20 v. 30.12., S. 301.

VI, Die Volks-Illustrierte, Jahrgang 1937

[1/37] **So muss es kommen!** BU: Die deutsche Schmach zerstört vom Zorn des Volkes. 1937 wird das Jahr der deutschen Volksfront sein. A: ›VI‹–Sondernummer über ›Die Hölle Dachau‹. – In: Nr. 1 v. 6. 1., S. 11.
[2/37] **Ein Millionär möchte den Ersatz-»Sozialismus« retten.** BU: Deterding: »Nazis, haltet durch! Ich bringe für einen halben Tag Lebensmittel!« A: »Der Ölkönig Deterding will dem Deutschen Reich mit Lebensmitteln im Werte von 10 Millionen holländischen Gulden zur Linderung der Ernährungsschwierigkeiten zu Hilfe kommen.« – In: Nr. 2 v. 13. 1., S. 32 [US 4].
[3/37] **Blut für Eisen,** s. S. 92.
[4/37] **Ist es auch Wahnsinn, hat es doch Methode.** BU: »Besichtigung? Nein, meine Herren! Kommt gar nicht in Frage. Ich kann nicht zulassen, daß es keine Sowjetflugplätze *in* der Tschechoslowakei gibt. Wir brauchen sie, um das Volk aufzuklären. Man muß endlich begreifen: der Augenschein ist eine jüdisch-materialistische Erfindung.« A: Die deutsche Propaganda spricht von Sowjetflugplätzen in der CSR. Die tschechoslowakische Regierung lädt den deutschen und britischen Militärattaché zur Besichtigung ein. »Der deutsche Militärattaché lehnte auf

Weisung von Berlin die Einladung zum Besuch aller Flugplätze ›aus *begreiflichen* Gründen‹ ab.« – In: Nr. 5 v. 3. 2., S. 77.

[5/37] **Kriegsgeld 1917/1937.** Und da spricht man noch von einer Katastrophe, wenn ein Fetzen Papiers abgewertet wird. Aus Hitlers Rede am 30. 1. 1937. BU: Beitrag der »VI« für die von Hitler angekündigte Ausstellung der Wunder des ersten Vierjahresplans. A: Am 10. 2. 37 wird die Reichsbank durch Gesetz wieder dem Reich unterstellt, dessen Einfluß sie am 30. 8. 24, entsprechend dem Dawesplan, entzogen worden war. Die Rüstungsvorbereitungen nach dem Vierjahresplan werden durch den Druck von Banknoten finanziert. – In: Nr. 6 v. 10. 2., S. 93.

[6/37] **Durch Einheit zum Sieg.** Es fiel Brachet, ein Sozialist. Es fiel Hans Beimler, ein Kommunist. Es fiel Joža Majek, ein junger Christ. Es fiel Durutti, ein Anarchist. Wofür sind sie gefallen? ... Dafür sind sie gefallen! [T: Wieland Herzfelde]. A: Propagierung der Volksfrontidee am Beispiel des Kampfs der Internationalen Brigaden im Spanischen Bürgerkrieg. – In: Nr. 7 v. 17. 2., S. 112 [US 4].

[7/37] **Bild ohne Worte ...,** s. S. 93.

[8/37] **Deutscher Mütter Los.** BU: »Was hat sie denn verbrochen?« »Sie trägt Trauer, weil ihr Sohn im Krieg gegen Spanien gefallen ist.« A: Die Toten der ›Legion Condor‹, die seit Juli 1936 an der Seite Francos kämpft, gelten offiziell als »im Manöver tödlich verunglückt«. Das Tragen von Trauerkleidung wird den Angehörigen verboten. – In: Nr. 10 v. 10. 3., S. 157.

[9/37] **In der Sackgasse.** BU: »Aus Butter Kanonen machen, das ging ... aber jetzt möcht' ich wissen: wie macht man aus Kanonen wieder Butter?« – In: Nr. 11 v. 17. 3., S. 173.

[10/37] **Unterhaltung im Grab.** BU: Das Schwarzhemd: »Wieso kommst denn du hierher in die spanische Erde, Kamerad?« Das Braunhemd: »Durch die Nichteinmischung.« Das Schwarzhemd: »Ich auch.« A: An der Seite Francos kämpfen die deutsche ›Legion Condor‹ [20 000 Mann] und faschistische italienische Milizen [50 000 Mann]. – In: Nr. 12 v. 24. 3., S. 189.

[11/37] **Die Saat des Todes,** s. S. 94.

[12/37] **Die Stimme der Freiheit in deutscher Nacht – auf Welle 29, 8,** s. S. 95.

[13/37] **Der Gipfel ihrer Wirtschaftsweisheit.** BU: »Noch nie, solange die Erde besteht, ist so viel Blech geredet und gesam-

melt worden.« A: Altmetallsammlungen gelten den deutschen Kriegsvorbereitungen. – In: Nr. 17 v. 28. 4., S. 269.
[14/37] **»Liberté, Liberté chérie, combat avec tes défenseurs!«** BU: Dem Volk von Frankreich gewidmet. »Freiheit, geliebte Freiheit, kämpfe mit deinen Verteidigern!« Aus der »Marseillaise«. A: Seit Sommer 1936 regiert in Frankreich das Volksfront-Kabinett unter Léon Blum. – In: Nr. 18 v. 5. 5., S. 279.
[15/37] **Der friedfertige Raubfisch,** s. S. 96.
[16/37] **Die Ursache. Autarkie.** A: »Das verunglückte Luftschiff »Hindenburg« war zwecks Devisenersparnis mit dem hochexplosiven Wasserstoffgas gefüllt, statt mit dem nichtbrennenden Heliumgas, weil der »Vierjahrplan« infolge der riesigen Rüstungsausgaben die Autarkie; [Selbstgenügsamkeit und Abschließung von der Weltwirtschaft] auf allen anderen Gebieten durchführen muß.« – In: Nr. 20 v. 19. 5., S. 321.
[17/37] **Baskenland.** Zur »Woche der Internationalen Solidarität mit Spanien 24.–30. Mai«. A: Die Bombardierung von Guernica, Durango, Bilbao, Amorebieta und Eibar unter Beteiligung der ›Legion Condor‹. – In: Nr. 22 v. 2. 6., S. 345.
[18/37] **Den katholischen Opfern des Faschismus zum Gedenken! Allen katholischen Männern und Frauen zur Mahnung!** A: s. Nr. [17/37]. – In: Nr. 23 v. 9. 6., S. 369.
[19/37] **Briefmarken sprechen.** A: Die Kriegsvorbereitungen Deutschlands und Italiens sind an den Motiven ihrer Briefmarken ablesbar. – In: Nr. 24 v. 16. 6., S. 385.
[20/37] **Der wahre Torpedo gegen den Frieden.** A: Der deutsche Kreuzer ›Leipzig‹ wurde angeblich von republikanisch-spanischen Torpedobooten beschossen. Die Reichsregierung fordert von dem in London tagenden ›Nichteinmischungsausschuß‹ der europäischen Mächte eine Vergeltungsaktion. – In: Nr. 26 v. 30. 6., S. 409.
[21/37] **Seit einem Jahr kämpft Spanien für die Freiheit und den Frieden!** A: Am 17. 7. 36 hatte sich General Franco gegen die liberale Regierung Giral erhoben. Mit Hilfe deutscher Flugzeuge wurden spanische Fremdenlegionäre und Marokkaner nach Südspanien eingeflogen. – In: Nr. 30 v. 28. 7., unpaginiert [US 1].
[22/37] **Tod dem Kriegspolypen!,** s. S. 97.
[23/37] **Großer internationaler Lügenwettbewerb** unter dem Protektorat von Dr. Josef Goebbels. BU: »Nur immer feste blasen, meine Herren! Wenn sie auch platzen, es bleibt doch immer etwas hängen.« A: Die stalinistischen Prozesse der Jahre

1936–38 werden von der nationalsozialistischen Propaganda »ausgewertet«. – In: Nr. 34 v. 25. 8., unpaginiert.

[24/37] **Ob Nazimann, ob Samurai, es ist dieselbe Melodei.** BU: »Wir führen keinen Krieg, wir säubern nur China von den Chinesen.« A: 1937 bricht zwischen China und Japan der offene Krieg aus. – In: Nr. 37 v. 15. 9., unpaginiert.

[25/37] **Windstärke 1917.** BU: »Macht euch bereit, macht euch bereit, jetzt segeln wir in die *grosse Zeit!«* A: Göring: »Ich scheue mich nicht davor, die Brotkarte einzuführen. Ob das populär ist oder nicht, darauf pfeife ich.« – In: Nr. 39 v. 29. 9., unpaginiert.

[26/37] **Mahnung,** s. S. 98.

[27/37] **Schach den Friedensstörern!** A: »Wenn die Sintflut hereinbricht, gibt es für niemand Neutralität oder Entkommen...« Roosevelt. »Der Friede ist unteilbar [...] Es kommt nicht auf die Universalität an, sondern auf den Zusammenschluß der Friedenskräfte gegen den Angreifer.« Litwinow. – In: Nr. 42 v. 20. 10., unpaginiert [US 4].

[28/37] **XX Jahre Sowjetunion.** A: 20. Jahrestag der Oktoberrevolution, die nach der Zeitrechnung neuen Stils am 7. 11. 17 stattfand. – In: Nr. 44 v. 3. 11., unpaginiert [US 1].

[29/37] **Ein Jahr Verteidigung der spanischen Hauptstadt.** BU: Madrid! Madrid! Die Welt, die Recht und Freiheit liebt, ist stolz auf deinen Namen. A: Madrid wird seit November 1936 von den Truppen Francos belagert. Am 28. 3. 39 wird Madrid kampflos besetzt. – In: Nr. 45 v. 10. 11., unpaginiert.

[30/37] **Stamm und Rembte zum Gedächtnis.** BU: Sie sind ermordet worden, doch sie leben weiter, solang es Deutsche gibt, die ihre Helden ehren. A: Robert Stamm und Adolf Rembte wurden am 4. 11. hingerichtet. – In: Nr. 46 v. 17. 11., unpaginiert.

[31/37] **So würde Tell in unseren Tagen handeln.** [T: aus Schillers ›Tell‹: »Unser ist durch tausendjährigen Besitz der Boden... Nein, eine Grenze hat Tyrannenmacht...«]. – In: Nr. 47 v. 24. 11., unpaginiert [US 4].

[32/37] **Gewerkschaftseinheit schützt den Frieden der Welt.** A: Verhandlungen zwischen dem Internationalen Gewerkschaftsbund, dem Zentralrat der Sowjetgewerkschaften und dem Amerikanischen Gewerkschaftsbund. – In: Nr. 50 v. 15. 12., unpaginiert.

VI, Die Volks-Illustrierte, 1938

[Nummer 41 v. 12. 10. ist die letzte Ausgabe der ›VI‹ im Prager Exil.]

[1/38] **Cagoulards der Börse.** A: Die französische Volksfront aus Radikalsozialisten, Kommunisten und Sozialisten unter Léon Blum scheitert an einer radikalen Sozialgesetzgebung. Blums Nachfolger, Chautemps, bemüht sich vergeblich um die Sanierung des Francs. An der Verschwörung der Cagoulards [Kapuzenmänner] gegen die Volksfront-Regierung beteiligen sich Kreise der französischen Schwerindustrie. – In: Nr. 4 v. 26. 1., unpaginiert.
[2/38] **Illustration zu Grimms Märchen,** s. S. 99.
[3/38] **Auf der Wacht für den Schutz der Heimat und den Frieden der Welt!** A: Zum 20. Jahrestag der Roten Armee am 23. 2. 38. – In: Nr. 10 v. 9. 3., unpaginiert [US 4].
[4/38] **Die Geschichte von Meister Grau und Vetter Pferd.** [T: Dialog zwischen Pferd und Esel]. A: Die Erklärung des Grafen Sehested, dem Führer der NS-Bewegung im dänischen Nordschleswig: »Wer nicht auf die Stimme des Blutes hört, dem wird sie eingebläut!« – In: Nr. 15 v. 13. 4., unpaginiert [US 4).
[5/38] **China, der Riese, erwacht – wehe dem Eindringling!** A: Seit 1937 tobt der Krieg in China. Japanische Truppen besetzen Peking und Nanking. – In: Nr. 18 v. 4. 5., unpaginiert [US 4].
[6/38] **Ihr Kampf ... und wer trägt die Kosten?** BU: In den Palästen haben sie immer noch sich gefunden ... In den Hütten immer noch nationale Zwietracht gesät! A: Zu den Gemeindewahlen am 22. 5., 29. 5. und 12. 6. 38 in der von Deutschland bedrohten Tschechoslowakei. – In: Nr. 21 v. 25. 5., unpaginiert [US 4].
[7/38] **Der Fuchs und der Igel,** s. S. 100.
[8/38] **Das ist das Heil, das sie bringen!,** s. S. 101.
[9/38] **Brauner Künstlertraum.** BU: Selbstgespräch im Traum: »Franco und Beethoven, wie schaff' ich das bloß? Am besten mach' ich wohl einen Kentauren, halb Tier, halb Mensch.« A: Eine Berliner Zeitung meldete, der Bildhauer Georg Kolbe habe Aufträge für Denkmäler des General Franco und für Goethe erhalten. – In: Nr. 13 v. 20. 7, unpaginiert.
[10/38] **Im Westen wie im Osten / Steht sie auf Posten, / Die stärkste Armee der Welt.** BU: Tschang-Kufeng. A: Die militärische Bedrohung der UdSSR durch Japan und das Deutsche

Reich. Tschang-Kufeng, Gelände in der Mandschurei, wird von Japan beansprucht. – In: Nr. 33 v. 17. 8., unpaginiert [US 4].
[11/38] **Kein Fraß für Krebse!** [T: zwei Vierzeiler]. A: Der aus dem Sudetenland stammende Regierungsrat und Reichstagsabgeordnete Hans Krebs erklärt: »Die sudetendeutsche Frage kann so lange nicht als gelöst betrachtet werden, als die Sudetendeutschen einem Staat angehören, der ein Bündnis mit der Sowjetunion besitzt«; [›Daily Telegraph‹]. – In: Nr. 35 v. 31. 8, unpaginiert.
[12/38] **Krieg,** s. S. 102.
[13/38] **Heimgefunden!** BU: Radiolügen – Misthaufen. Jeder Hahn kräht auf dem Mist, der ihm angemessen ist. A: Konrad Henlein, der Führer der Sudetendeutschen Heimatfront, verlangt den Anschluß der sudetendeutschen Gebiete an das Deutsche Reich. – In: Nr. 39 v. 28. 9., unpaginiert [US 4].
[14/38] **Das gigantischste Lügenmaul aller Zeiten.** BU: Aber die Zähne sind faul: Demonstrationen in Hamburg, Berlin, München und Wien. A: Im Münchner Abkommen vom 29. 9. 38 stimmen Mussolini, Chamberlain und Daladier der Abtretung der sudetendeutschen Gebiete an Deutschland zu. Am 26. 9. 38 beteuert Hitler, daß die Abtretung des Sudetenlandes seine letzte Forderung gewesen sei. [Im vorliegenden Exemplar der ›VI‹ ist die Seite braun überdruckt: Bärtchen und Maul sind aber noch erkennbar]. – In: Nr. 40 v. 5. 10., unpaginiert [US 4].

John Heartfield

1891 Am 19. Juni wird Helmut Franz Joseph Herzfeld in Berlin-Schmargendorf als erstes von vier Kindern geboren. Vater: der sozialistische Schriftsteller Franz Herzfeld [Pseudonym: Franz Held]. Mutter: Alice Katharina Auguste Therese Stolzenberg.

1895 Franz Herzfeld wird wegen Gotteslästerung zu Gefängnis verurteilt. Die Familie übersiedelt nach Weggis/Schweiz.

1896 Übersiedlung nach Aigen bei Salzburg/Österreich. Heirat der Eltern. Geburt des Bruders Wieland.

1898 Verlust der Eltern. Vormund der Kinder: der Schriftsteller Max Halbe und der Onkel Dr. Josef Herzfeld. Der Bürgermeister von Aigen, Ignaz Varnschein, und seine Frau Klara nehmen die vier Kinder bei sich auf. Umzug nach Salzburg.

1905 April: Abschluß der Volksschule. Helmut und Wieland Herzfeld übersiedeln nach Wiesbaden. Lehrling in der Buchhandlung Heinrich Heuß.

1907 bis1908: Malunterricht bei Hermann Bouffier.

1909 bis 1911: Studium an der Kunstgewerbeschule München.

1912 Frühjahr: Werbegrafiker bei der Druckerei Gebrüder Bauer, Mannheim. Teilnahme an Plakatwettbewerben. Erste Bilder.

1913 Herbst: Studium an der Kunst- und Handwerkerschule in Berlin-Charlottenburg. Besuch von Herwarth Waldens ›Sturm-Galerie‹ und der Vortragsabende von Franz Pfemferts Zeitschrift ›Die Aktion‹. November: Wieland Herzfeld vermittelt die Bekanntschaft mit Else Lasker-Schüler.

1914 Juli: Erster Preis bei der Werkbund-Ausstellung in Köln für den Entwurf eines Wandfrieses. Reise ins Baltikum. Else Lasker-Schüler schreibt das Gedicht

›Wir drei [Wieland, ich, Helmut]‹. September: Militärdienst.

1915 Gardesoldat beim Regiment Franz Joseph in Berlin. In diesen Jahren Bekanntschaft mit Albert Ehrenstein, Johannes R. Becher, Alfred Wolfenstein, Ferdinand Hardekopf, Theodor Däubler, Gustav Landauer, Heinrich Maria Daringhausen, Ludwig Meidner und Mopp. Im Sommer Begegnung mit Georg Groß [seit September 1916: George Grosz]. Im Dezember: Entlassung aus dem Militär nach simulierter Nervenkrankheit. Aushilfsbriefträger [mindestens bis Sommer 1917].

1916 Helmut Herzfeld nennt sich aus Protest gegen den Hetzruf »Gott strafe England« John Heartfield. Die Polizei lehnt die Registrierung des Künstlernamens ab. Juli: Wieland Herzfeld übernimmt die Schriftleitung der Zeitschrift ›Neue Jugend‹. Er nennt sich auf Anraten Else Lasker-Schülers fortan Wieland Herzfelde, denn »Herzfeld, das klingt wie ein Bummelzug, Herzfelde dagegen wie ein Schnellzug«.

1917 Februar/März: Die ›Neue Jugend‹ erscheint im Malik-Verlag. Der Titel wird Else Lasker-Schülers Kaisergeschichte ›Der Malik‹ entliehen. Gründer sind die Brüder Herzfelde/Heartfield. März: Verbot der Monatsschrift, herausgegeben von Wieland Herzfelde. Weitergeführt als »Wochenausgabe«, herausgegeben von John Heartfield. Mai/Juni: Typographische Gestaltung der Wochenausgabe der ›Neuen Jugend‹ und der ›Kleinen Grosz-Mappe‹. Herbst: Filmausstatter bei den Brüdern Grünbaum [früher Pathé Frères]. Durch Vermittlung von Harry Graf Kessler Regisseur bei der militärischen Bildstelle der UFA. Bekanntschaft mit Anselm Ruest. Heirat mit Helene Balzer.

1918 April: Mitglied im Berliner ›Club Dada‹. Gemeinsam mit George Grosz Trickfilm, den die militärische Bildstelle ablehnt. 13. Mai: Geburt des Sohnes Tom. 31. Dezember: Eintritt in die am 30. Dezember gegründete Kommunistische Partei, gemeinsam mit Wieland Herzfelde, George Grosz, Erwin Piscator. Bis zum Frühjahr 1933: Gestaltung von Plakaten, Schriften und Werbedrucksachen der KPD.

1919 Der Aufruf zum Streik wegen der Ermordung von Rosa Luxemburg und Karl Liebknecht führt zur Entlassung aus der UFA. Mitherausgeber und Mitarbeiter der satirischen Zeitschrift ›Jedermann sein eigner Fußball‹. Sie wird verboten. ›Die Pleite‹. Sie wird ebenfalls verboten. Gemeinsam mit George Grosz Klebebilder, Marionetten und Programmhefte für Max Reinhardts Kabarett ›Schall und Rauch‹. Herbst: In der Zeitschrift ›Der Gegner‹ erscheint der von Heartfield und Grosz gemeinsam verfaßte Aufsatz ›Der Kunstlump‹, ein Protest gegen Oskar Kokoschkas Aufruf, der sich gegen die Kapp-Putschisten wegen der Beschädigung eines Gemäldes von Rubens gewandt hatte. Juni: Im Zentralorgan der KPD werden Grosz und Heartfield von Gertrud Alexander des »Vandalismus« bezichtigt.

1920 Mit George Grosz, Raoul Hausmann, Johannes Baader, Richard Huelsenbeck gemeinsame Auftritte als ›Monteur-Dada‹. April: ›Der dada 3‹ mit den »Directeurs« »groszfield, hearthaus, georgeman« erscheint. Juni: Stellt auf der I. Internationalen Dada-Messe in der Galerie Dr. Otto Burckhardt erstmals eigene Arbeiten aus. Juni: Scharfer Angriff von Gertrud Alexander in der ›Roten Fahne‹, die den Dadaisten das Recht abspricht, sich Kommunisten zu nennen. Zusammen mit George Grosz Collage für die Titelseite des Katalogs der Dada-Messe und für einige Schriften des Malik-Verlags, darunter ›Dada siegt‹ von Huelsenbeck. Heartfield firmiert als »Monteurdada«. Heartfield und Grosz lassen sich mit einem Plakat photographieren: »Die Kunst ist tot. Es lebe die neue Maschinenkunst TATLINS.« Bekanntschaft mit Otto Dix und Otto Griebel. Arbeit am dadaistischen Weltatlas ›dadaco‹ [bleibt unvollendet]. 8. September: Geburt der Tochter Eva. Oktober: Bühnenbild für Erwin Piscators ›Proletarisches Theater‹. Dezember: Gemeinsam mit George Grosz Bühnenbild für Max Reinhardts Deutsches Theater.

1921 [bis 1932] Schutzumschläge und Buchgestaltung für den Malik-Verlag, den Verlag für Literatur und Politik, Wien/Berlin, den Neuen Deutschen Verlag. Berlin, und für Carl Hoym Nachfolger, Hamburg: zunächst Fotos und Zeichnungen, später Fotomontagen. Sieben Bühnenbilder – auch Kostüme – für Max Reinhardts Deutsches Theater und die Kammerspiele. In Leonid N. Andrejevs ›Herr, der die Maulschellen kriegt‹, spielt Heartfield einen unmusikalischen Clown.

1922 Ausstattungsleiter der Reinhardt-Bühnen in Berlin. Kostüme und Bühnenbilder für neun Inszenierungen. Künstlerischer Agitator und Vortragsredner, Redakteur und Gestalter der KPD.

1923 [bis 1927] Zusammen mit George Grosz Hauptmitarbeiter der satirischen KPD-Wochenschrift ›Der Knüppel‹. November: Bühnenbild gemeinsam mit George Grosz für Berthold Viertels Ensembletheater ›Die Truppe‹, Berlin. Beginn der Agitation und Propaganda für verschiedene Unternehmungen der KPD: ›Illustrierte Rote Post‹, Internationale Arbeiter Hilfe u.a.

1924 Gemeinsam mit George Grosz Bühnenbild für das Residenztheater, Berlin. Begegnung mit Bertolt Brecht. 13. Juni: Mit Grosz, Rudolf Schlichter und Piscator Begründer der ›Roten Gruppe‹ in Berlin. 4. August: Zum 10. Jahrestag des Kriegsbeginns entsteht die erste Fotomontage zur Zeitgeschichte – ›Nach zehn Jahren: Väter und Söhne 1924‹ – für das Schaufenster der Malik-Buchhandlung in Berlin.

1925 Juli: Bühnenbild und Projektionen für die Agitprop-Revue ›Trotz alledem!‹ [dem Titel des letzten Aufrufs von Liebknecht] unter der Regie von Piscator zum V. Jahrestag der KPD im Großen Schauspielhaus, Berlin. Der von Wieland Herzfelde geleitete, nicht parteigebundene linke Malik-Verlag wird eine Aktiengesellschaft.

1926 Beteiligung an der Ausstellung im Universal-Landes-Ausstellungspark, Berlin. Im Auftrag der ›Roten Gruppe‹ schreibt Heartfield den Aufsatz ›Grün oder – Rot‹, in: ›Die Weltbühne‹, Jg. 22, 1926, Nr. 11, S. 434, in dem er als Aufgabe der Kunst die Stärkung des revolutionären Klassenbewußtseins bezeichnet.

1927 Erste Veröffentlichung über Heartfield in der Zeitschrift ›Gebrauchsgraphik‹, Berlin, von H. K. Frenzel. Mitarbeiter im Graphischen Atelier der KPD im Berliner Karl-Liebknecht-Haus. März: Mitglied der ›Arbeitsgemeinschaft kommunistischer Künstler‹ und der kommunistischen Fraktion im Reichswirtschaftsverband bildender Künstler. September: Projektionen für Tollers ›Hoppla, wir leben!‹ in der 1. Piscatorbühne am Nollendorfplatz. 13. Oktober: Zweite Verehelichung mit Barbara Friedmann. Freundschaft mit Hanns Eisler und Ernst Busch.

1928 Januar: Bühnenbild für Franz Jungs ›Heimweh‹ in der Piscatorbühne am Nollendorfpatz. 30. Januar: Teilnahme an der Versammlung der Arbeitsgemeinschaft kommunistischer Künstler Deutschlands, Berlin, der späteren ASSO. Strafantrag gegen den Schutzumschlag zu Heinrich Wandts ›Erotik und Spionage in der Etappe Gent‹ [Agis-Verlag]. Gesamtausstellung Heartfields innerhalb der Ausstellung ›Kunst und Wirklichkeit‹, Berlin. Oktober: Photomontagen gegen den Bau eines Panzerkreuzers auf den Titelblättern der ›Roten Fahne‹; Heartfields Agitation wird von Albert Einstein, Ernst Barlach, Heinrich Mann, Käthe Kollwitz und Walter Gropius unterstützt. Plakat der KPD zur Reichstagswahl ›5 Finger hat die Hand‹.

1929 Mai/Juni: Ausstellung Heartfields [zwei Räume] innerhalb der ›Internationalen Werkbund-Ausstellung Film und Foto‹, Stuttgart. Mai: Beteiligung an der I. Ausstellung der ARBKD, Berlin. August: Beteiligung an der ›Sonderschau Neue Typographie‹, Magdeburg, neben Schwitters, Maholy-Nagy u. a. September: Beteiligung an der Großen Berliner Kunstausstellung im Rahmen der ›Novembergruppe‹. Fotos und Fotomontagen zu dem Bilderbuch ›Deutschland, Deutschland über alles‹ von Kurt Tucholsky. Mit János Reismann, Paul Urban und Hans Franke Zusammenarbeit in der Werbe- und Reklameagentur, Berlin.

1930 Beginn der Mitarbeit an der ›Arbeiter Illustrierten Zeitung‹. Scharfe und wirkungsvolle Angriffe gegen die SPD – im Sinne der KP-Linie, die sich erst im letzten Augenblick zur Einheit der Arbeiterklasse bekennt, um Hitler abzuwehren. Mit Adolf Behne, Fritz Schiff, Otto Nagel und Werner Scholz Vorbereitung des deutschen Beitrags zur Ausstellung ›Sozialistische Kunst von heute‹ im Stedelijk Museum Amsterdam. Bekanntschaft mit Majakowski und Ehrenburg in Berlin.

1931 Januar: Bühnenbild zu Friedrich Wolfs ›Tai Yang erwacht‹ in Piscators Wallnertheater, Berlin. Für das Programmheft entsteht das Gedicht ›Die Dekorationen sprechen‹. Brecht nimmt Heartfields »kommentierende« Bühnenausstattung später in sein ›Kleines Organon für das Theater‹ als Musterbeispiel auf. Vorträge über die ›Aufgaben der Kunst im Klassenkampf‹ an der

Marxistischen Arbeiterschule, Berlin. April/Mai: Beteiligung an der Internationalen Photomontage-Ausstellung im ehemaligen Kunstgewerbe-Museum, Berlin. Begegnung mit Sergej Tretjakow in Berlin, dessen Literatur- und Kunsttheorie damals in der ›Linkskurve‹ und anderen marxistischen Blättern scharfen Angriffen ausgesetzt ist. Sommer 1931–Frühjahr 1932: Auf Einladung des Internationalen Büros revolutionärer Künstler erster Besuch in der UdSSR: Moskau, Baku, Batumi, Odessa. Begegnung mit Piscator und Asja Lacis bei den Dreharbeiten von Anna Seghers' ›Aufstand der Fischer von St. Barbara‹. Bekanntschaft mit Lilja Brik und Alexander Rodtschenko. Ausstellung von etwa 300 Arbeiten bei der Künstlergenossenschaft. ›Chudoshnik‹. Mitarbeit an Zeitschriften, Buchgestaltungen, Theaterprojektionen. Beteiligung an der Ausstellung ›Revolutionäre Kunst des Westens‹, Moskau.

1932 Graphische Gestaltung der Zeitschrift ›UdSSR Export‹ sowie anderer Werbemittel der UdSSR-Botschaft in Berlin. Gegen die Beschlagnahme der ›AIZ‹-Montage ›Blut und Leichen – die letzte Hoffnung der Reichen‹ durch badische Behörden protestieren u. a. Brecht, Dix, Feuchtwanger, Grosz, Kollwitz, G. W. Papst, Seghers, Weinert. Juni: Harry Graf Kessler finanziert die Plakatierung der Montage ›Adolf, der Übermensch‹ in Berlin: die Einheitsfront formiert sich.

1933 Mitte April: SA besetzt die Berliner Wohnung und vernichtet einen Großteil des Werkes. Abenteuerliche Flucht nach Prag. Wiederaufnahme der Arbeit für den Malik-Verlag Prag und London [bis 1938] und für die ›AIZ‹, die spätere ›Volks-Illustrierte‹. Diffamierende Ausstellung einiger Arbeiten in Mannheim: ›Schreckenskammer der Kunst‹ und ›Kulturbolschewismus‹. Umschläge für die beiden ›Braunbücher über Reichstagsbrand und Hitler-Terror‹ [Basel 1933 und Paris 1934].

1934 April/Mai: Beteiligung an der ›Internationalen Karikaturenausstellung‹ im Kunstverein Mánes, Prag, die zu Protestnoten der deutschen, italienischen und österreichischen Gesandten führt. Solidaritätserklärungen tschechischer und französischer Maler und Schriftsteller. 1. November: Aberkennung der deutschen Staatsangehörigkeit.

1935 April/Mai: Ausstellung von 150 Photomontagen im Maison de la Culture, Paris. Podiumsdiskussion französischer Künstler, darunter Aragon und Tzara, ›Ist die Photomontage eine Kunst?‹. Bis August in Paris. Umschläge für Edition du Carrefour, Paris. Begegnung mit Walter Benjamin und Eduard Fuchs.

1936 April/Mai: Eigene Abteilung auf der ›Internationalen Foto-Ausstellung‹ des Kunstvereins Mánes, Prag. Auf Verlangen der deutschen Gesandtschaft werden einige Arbeiten Heartfields beschlagnahmt. Die erste Heartfield-Monographie erscheint: Sergej Tretjakow, ›John Heartfield‹ [Moskau: Ogis]. Der Typograph Solomon Telingater ist an dem Buch beteiligt. Verzichtet auf Wunsch der Partei zugunsten der Weiterarbeit für die ›AIZ‹ auf eine Beteiligung im Spanischen Bürgerkrieg.

1937 Ernennung zum korrespondierenden Mitglied des Kunstvereins Mánes. 18. August: ›Entfesselter Kitsch, gefesselte Kunst‹, Aufsatz zur Münchner Ausstellung ›Entartete Kunst‹ in der ›VI‹. Oktober/November: Beteiligung an der Ausstellung ›50 Jahre Mánes‹. Erneute Beschlagnahmung von Arbeiten auf Grund der reichsdeutschen Drohungen.

1938 5. Februar: Ausstellung im ›Pat Henry Club‹, New York, eröffnet von Oskar Maria Graf. Heartfield und Herzfelde stehen auf einer geheimen Auslieferungsliste des Deutschen Reiches, doch die Regierung der tschechoslowakischen Republik ermöglicht beiden durch die Ausstellung eines Passes die Flucht nach London; Verlust vieler zurückbleibender Arbeiten. In Zukunft Mitarbeiter der Artist's International Association.

1939 Januar/Februar: Beteiligung an der Ausstellung ›Living Art in England‹, London. Vertrag mit ›Reynolds News‹, wo Heartfield seine Arbeit für die ›AIZ‹ fortzusetzen hofft; doch die Zusammenarbeit erweist sich als nicht durchführbar. April: Wieland Herzfelde erhält keine Aufenthaltsgenehmigung in England und geht als in der Schweiz Geborener in die USA, während der »Deutsche« Heartfield kein amerikanisches Visum bekommt. Dezember: Ausstellung ›One man's war against Hitler‹ in der Arcade-Gallery, London. 21. Dezember: Anerkennung als »Refugee from Nazi Oppression« durch das National Tribunal. 31. Dezember: Mitglied und künftiger Mitarbeiter des ›Freien Deutschen Kulturbundes‹, London [1500 Mitglieder]. Umschlag für die Sondernummer ›Exiled German Writers‹ der amerikanischen Zeitschrift ›direction‹. Erster Buchumschlag für einen englischen Verlag.

1940 22. Juni: Bühnenbild für die politische Revue ›Was bringt die Zeitung‹ im Little Theatre, London. Sommer: In drei verschiedenen Lagern interniert. Am 26. August nach einer Anfrage im House of Commons entlassen. Schwere Erkrankung.

1941 Juni: Vortrag John Heartfields und Ausstellung zu seinem 50. Geburtstag im ›Freien Deutschen Kulturbund‹, London.

1942 Februar: Heartfields Artikel ›Daumier im Reich‹, in: ›FDKB Nachrichten. German Anti-Nazi Monthly‹. Ebenda im März: ›Freie Deutsche Kultur‹ und Max Zimmerung: ›John Heartfield – Künstler und Kämpfer für die Freiheit‹. Hilfsprogramm mit Veranstaltungen des FDKB zum Wiederaufbau von Jasnaja Poljana. Juni: Veranstaltungen unter den Titeln ›The Flowers that bloom in the spring‹, ›For ever thine‹ und ›Auf der Hintertreppe der Literatur‹. Juli: Beteiligung an der Kulturbund-Ausstellung ›Allies Inside Germany‹ in London. Bis 1950 regelmäßig Buchausstattungen für verschiedene englische Verlage, darunter Lindsay Drummond, Denis Dobsen, Penguin Books.

1943 Beteiligung an zahlreichen Veranstaltungen des FDKB, London. 17. Juli: Arbeitserlaubnis als Cartoonist. Umschlag für die Anthologie ›Und sie bewegt sich doch!‹ [Verlag Freie Deutsche Jugend, London]. September: Mitarbeit an der Zeitschrift ›Freie Bühne‹. Anti-Nazi Fortnightly‹ [bis 1945]. Bühnenbild für Carl Zuckmayers ›Hauptmann von Köpenick‹ im Theatre The Lanterne, London.

1944 Januar: Teilnahme an der 2. Landeskonferenz des Freien Deutschen Kulturbundes, London, sowie an zahlreichen Veranstaltungen des FDKB.

1945 Beteiligung an der ersten Internationalen Künstlerkonferenz ›Künstler für den Frieden‹, London.

1946 Januar/Februar: Ausstellung des Bundes Freies Deutschland in Amsterdam: ›Sturmzeichen. John Heartfields Warnungen vor Krieg und Faschismus‹. April/

Mai: Beteiligung an einer Wanderausstellung ›Kämpfende Kunst‹ in Basel, Bern und Zürich.

1947/48 Berufungen als Professor für satirische Graphik an die Hochschule für angewandte Kunst, Berlin-Weissensee, und als Lehrbeauftragter für Zeitungswissenschaften an die Humboldt-Universität, Berlin. Ablehnung aus gesundheitlichen Gründen.

1949 Durch Wieland Herzfelde's Vermittlung Teilnahme an der 2. Deutschen Kunstausstellung in Dresden.

1950 11. März: Cartoonist und Typograph bei Penguin Books, Harmondsworth. Am 31. August kehren John Heartfield und Gertrud Fietz, seine spätere Frau, über Prag nach Deutschland zurück. Gemeinsam mit Wieland Herzfelde zeitweilige Arbeit für Verlage, Theater und Organisationen der DDR unter dem Signum HH = Heartfield-Herzfelde.

1951 Wohnsitz in Leipzig; Arbeitswohnung in Berlin. Januar: Gemeinsam mit Wieland Herzfelde Foto-Projektionen und Plakat für ›Die Mutter‹ von Brecht [Berliner Ensemble]. 2. Mai: Herzinfarkt. Lange Krankheit. Durch Brechts Vermittlung Rettung der 1935 in Paris und 1938 in New York gezeigten Ausstellung, die nach Berlin/DDR zurückgeholt werden kann. Ehrenrente der Regierung der DDR. Mitglied des VBKD. Bühnenbild der Brüder HH für das Deutsche Theater. Umschlag für die von Wieland Herzfelde besorgte Auswahl der ›Hundert Gedichte‹ von Brecht, der das Gedicht ›Auf einen chinesischen Teewurzellöwen‹ schreibt, eine Hommage an Heartfield.

1952 6. März: Heirat mit Gertrud Hedwig Fietz. März: Bühnenbild für das Berliner Ensemble. 11. November: Erneuter Herzinfarkt. Bis Mai 1953 im Krankenhaus.

1954/1955 Bühnenbilder der Brüder HH für die Berliner Kammerspiele, das Neue Theater in der Scala Wien. Plakat für Bechers ›Winterschlacht‹ im Berliner Ensemble. Brechts ›Stücke‹ [I–IV] werden als »Das schönste Buch des Jahres« ausgezeichnet.

1956 Häufige Aufenthalte in Brechts Sommerhäuschen in Buckow bei Berlin. Beratendes Mitglied in der Kommission für Plakatgestaltung im ZK der SED. Ordentliches Mitglied der Deutschen Akademie der Künste zu Berlin. 26. August: Brechts Tod verhindert den Plan, sich ständig in Buckow niederzulassen.

1957 Umzug nach Berlin. Bühnenbild für die Kammerspiele. Sommer: Umfassende Ausstellung ›John Heartfield und die Kunst der Photomontage‹ in Halle, Erfurt und in der Berliner Akademie. September bis Dezember: Reise nach China. 7. Oktober: In der Pekinger DDR-Botschaft wird Heartfield der Nationalpreis der DDR überreicht. Auf der Rückreise über Moskau werden Teile der Ausstellung aus dem Jahre 1931 aufgefunden und ihre Rückgabe veranlaßt.

1958 Mehrere Auszeichnungen und Ehrungen für seinen antifaschistischen Kampf. Juli: Moskau. Aufbau der Ausstellung, die anschließend u. a. in Peking und Tientsin gezeigt wird. Beteiligung an der Ausstellung zum 40. Jahrestag der Novemberrevolution.

1959 Beteiligung an verschiedenen Ausstellungen im In- und Ausland. ›John Heartfield, ein Künstler des Volkes‹: populärwissenschaftlicher Film der DEFA. Dezember: Projektionen für Wolfs ›Professor Mamlock‹ in den Kammerspielen.

1960 Beteiligung an der Ausstellung ›Bekenntnisse‹ im Berliner Klub der Kulturschaffenden. Verleihung des Professorentitels.

1961 April: Bühnenbild und Plakat für Weisenborns ›Illegale‹ in den Kammerspielen. Juni: Anläßlich seines 70. Geburtstages die Ausstellung ›Im Kampf vereint‹. Zahlreiche öffentliche Ehrungen und Auszeichnungen.

1962 Ausstellung in Weimar. Schwere Erkrankung. Dreimonatiger Krankenhausaufenthalt. Wieland Herzfelde veröffentlicht die inzwischen mehrfach nachgedruckte Monographie ›John Heartfield. Leben und Werk‹.

1964 Ausstellungen in Warschau, Krakau, Prag, Bratislava. 27. August: Legalisierung seines Pseudonyms John Heartfield.

1965 Ausstellungen in Brno, Košice, Budapest, Berlin [Ost], Rom und Modena. Beteiligung an Ausstellungen in Bologna und Turin. Vaterländischer Verdienstorden in Gold.

1966 Beteiligung an verschiedenen Ausstellungen in Berlin [Ost]. Ausstellungen in Berlin [West], Münster/Westfalen. April: Gemeinsam mit Eddi Fischer Bühnenbild für Majakowski's ›Lenin-Poem‹ in der Volksbühne, Berlin [Ost].

1967 Ausstellungen in Frankfurt/Main, Stockholm, Lund. Oktober–Dezember: Reise nach London, Liverpool, New Castle zur Vorbereitung einer umfassenden Wanderausstellung in England.

1968 Schwere Erkrankung durch Virus-Grippe. Am 26. April stirbt John Heartfield in Berlin und wird auf dem Dorotheenstädtischem Friedhof beigesetzt. In der Deutschen Akademie der Künste zu Berlin wird ein Archiv für seinen künstlerischen Nachlaß eingerichtet, das Gertrud Heartfield verwaltet.

Bibliographie John Heartfield

Monographien, Katalogveröffentlichungen
[chronologisch geordnet]

Sergej Tretjakow: John Heartfield. Eine Monographie. Moskau: Ogis 1936*.

John Heartfield: Photomontagen zur Zeitgeschichte I [Herausgegeben von Konrad Farner]. Zürich: Erbe und Gegenwart. Schriftenreihe der Vereinigung »Kultur und Volk« [1945]. [Mit Beiträgen von Alfred Durus: John Heartfield und die satirische Photomontage; Wolf Reiss: Als ich mit John Heartfield zusammenarbeitete; Louis Aragon: John Heartfield und die revolutionäre Schönheit.]

John Heartfield und die Kunst der Fotomontage. [Ausstellungskatalog] Deutsche Akademie der Künste, Berlin 1957. [Mit Beiträgen von Bertolt Brecht; Bodo Uhse: John Heartfield und seine Fotomontagen; John Heartfield zu seiner Arbeit auf dem Gebiete der Fotomontage.]

John Heartfield. Leben und Werk. Dargestellt von seinem Bruder Wieland Herzfelde. [Dresden:] VEB Verlag der Kunst [1962]. [Mit Briefen, Gedichten, Reden und Würdigungen von Else Lasker-Schüler, Adolf Behne, Paul Westheim, Alfred Durus, Louis Aragon, Oskar Maria Graf, Mischa Black, Günther Anders, Georg Lukacs, W. Reissmann, Johannes R. Becher, Alfred Beyer-Red, Bodo Uhse, Lilly Becher, Willy Ronis, José Reku, Alexander Abusch, Fritz Cremer, Erich Engel, Herbert Jhering, Werner Klemke, Alfred Kurella, Wolfgang Langhoff, Ernst Hermann Meyer, Erwin Piscator, Anna Seghers, Elizabeth Shaw, Theun de Vries, Arnold Zweig, Walter Schulz, Willi Wolfgramm, Herbert Sandberg, Stefan

* Alle mit einem Stern gekennzeichneten Titel werden nach der Sekundärliteratur zitiert. Sie sind nicht durch Autopsie gesichert.

Heym u. a.]; – Zweite überarbeitete Auflage [Dresden:] VEB Verlag der Kunst [1971]. [Mit zusätzlichen Beiträgen von H. K. Frenzel, Sergej Tretjakow, Erich Fried, R. J. Lawler, Max Zimmering.]; – Dritte überarbeitete und erweiterte Auflage [Dresden:] VEB Verlag der Kunst [1976].*

John Heartfield. In Lotto contra L'Idra. [Katalog der Ausstellung der Galleria il Fante die Spade, Rom 1965]. [Mit Beiträgen von Duilio Morosini; Antonio del Guerico; Adolf Hofmeister; Gyula Rozsa; Milan Kasjak; Lubes Hlavacek; Louis Aragon]*.

John Heartfield. [Katalog zur Ausstellung:] Berlin: Europa-Center 1966. [Mit einem Beitrag von Fritz J. Raddatz: John Heartfield. Die gefürchtete Schere; Erwin Piscator; Bertolt Brecht]*.

Fotomontagen von John Heartfield. »Wartet nur balde...« [Katalog der] Ausstellung des Club Voltaire in Verbindung mit der Deutschen Akademie der Künste zu Berlin. [Frankfurt 1967]. [Mit Beiträgen von Louis Aragon: John Heartfield und die revolutionäre Schönheit; Günther Anders: Die Kunst John Heartfields [Auszug]; W. Reissmann: Als ich mit John Heartfield zusammenarbeitete; Wieland Herzfelde; Bertolt Brecht.]

John Heartfield Fotomontagen. [Katalog der Ausstellung im Moderna Museet, Stockholm 1967]. [Mit Beiträgen von Wieland Herzfelde; John Heartfield; W. Reismann; Bertolt Brecht]*.

John Heartfield/[George Grosz]. [Katalog der] Ausstellung der Deutschen Adademie der Künste zu Berlin/DDR, ergänzt durch den Württembergischen Kunstverein. Stuttgart: Württembergischer Kunstverein 1969. [Mit Beiträgen von Marina Schneede-Sczesny und Uwe M. Schneede: Über die Fotomontage bei Heartfield; Reissmann: Als ich mit Heartfield zusammenarbeitete; Heartfield: Über meine Arbeit.]

John Heartfield. Katalog der Ausstellung in The Arts Council of Great Britain, London 1969. [Mit Beiträgen von Hans Hess; Wieland Herzfelde; Louis Aragon; Bertolt Brecht; Sergej Tretjakow; W. Reismann; John Heartfield; Richard Carline]*.

John Heartfield [Dokumentation. Herausgegeben von der Arbeitsgruppe Heartfield. Hans-Jürgen Diehl, Arwed Gorella,

Manfred Hülsewede, Heinz-Dietrich Kemner, Herbert Mondry, Otto Mertens, Jens Petersen, Catrin Sello, Reinhard Spier, Greta Tüllmann, Gerd Wulff. Berlin: Neue Gesellschaft für bildende Kunst 1970]. [Mit einer Chronik der Ereignisse in Wirtschaft/Politik, Arbeiterbewegung, Kunst/Kulturpolitik und Beiträgen von Marina Schneede-Sczesny/Uwe M. Schneede: Zur Technik der Fotomontage; Louis Aragon: John Heartfield und die revolutionäre Schönheit.]

John Heartfield Fotomontagen. [Katalog der Ausstellung in Charlottenbourg, Kopenhagen 1970]. [Mit Beiträgen von John Heartfield; Wieland Herzfelde; Louis Aragon; W. Reisman; Bertolt Brecht; Troels Andersen]*.

John Heartfield. Fotomontagen. Ausstellung der Deutschen Akademie der Künste zu Berlin/DDR. Berlin: Neue Gesellschaft für bildende Kunst 1970. 8 Seiten, unpaginiert.

John Heartfield Fotomontagen. [Katalog der Ausstellung in Oslo, Kunstnernes Haus 1972]. [Mit Beiträgen von Konrad Wolf; Wieland Herzfelde; Fritz Cremer; John Heartfield; Bertolt Brecht]*.

John Heartfield. Ausstellungskatalog. Deutsche Akademie der Künste zu Berlin. [Herausgegeben von der Deutschen Akademie der Künste zu Berlin. Redaktion und Gestaltung des Kataloges: Wieland Herzfelde und Mitarbeiter des Heartfield Archivs der Akademie. Berlin o. J. [1972]. [Mit Beiträgen von Konrad Wolf; Bertolt Brecht; Wieland Herzfelde; Günther Anders; John Heartfield: »Leider noch aktuell«; Janos Reisman: Als ich mit John Heartfield zusammenarbeitete [Auszug]; H. K. Frenzel: John Heartfield und seine photographisch-graphischen Arbeiten [Auszug]; Adolf Behne; Paul Westheim; Hans Hess; Ehrhard Frommhold; Louis Aragon; Sergej Tretjakow; Alfred Durus; Oskar Maria Graf; Peter Panther; Werner Klemke; R. J. Lawler; Erich Fried: John Heartfield.]

John Heartfield. Berlin: Verlag Neuer Kurs 1972. [12 Fotomontagen aus der ›AIZ‹, 1930/31].

John Heartfield. 33 Fotomontagen. Dresden: VEB Verlag der Kunst 1974. [Vergrößerte Lichtdrucke in Kassette; Beiheft mit einem Beitrag von Gertrud Heartfield, ›Porträt John Heartfield. 1891–1961‹].

John Heartfield. [Verkaufs- und Ausstellungs-]Katalog des ABC Antiquariats Marco Pinkus... Zürich und der Galerie Rönessance Röne Minder... Zürich [1976].

Eckhard Siepmann: Montage: John Heartfield. Vom Club Dada zur Arbeiter-Illustrierten Zeitung. Dokumente – Analysen – Berichte. Montiert von Jürgen Holtfreter. In Zusammenarbeit mit dem Medienpaket John Heartfield, Fotomonteur herausgegeben von der Elefanten Press Galerie EP 1 Berlin [West] 1977. 2., verbesserte Auflage 1977. [Mit Texten von Milovan Stanić, Wieland Herzfelde, George Grosz, Claire Jung, Franz Jung, Hanne Bergius, Rosa Luxemburg, Raoul Hausmann, John Heartfield, Erich Weinert, Sergej Tretjakow, Alexander Abusch, Erwin Piscator, Friedrich Wolf, Lilly Becher, Theo Pinkus, Eberhard Knödler-Bunte, Irene Tietze-Lusk, Hermann Leupold, Durus, Walter Benjamin, Vladimir Huizdo, George Dimitroff, Kurt Meinhold, Gertrud Heartfield, Hilmar Frank, Annegret Jürgens-Kirchhoff, Willi Münzenberg, Louis Aragon, Hans-Joachim Neyer, Helmut Herbst, Tom Fecht, Janos Reismann, Bernd Kuhnert.]

John Heartfield in Selbstzeugnissen und Bilddokumenten. Dargestellt von Michael Töteberg. Reinbek bei Hamburg: Rowohlts Monographien 1978 [Band 257].

Daumier & Heartfield. Politische Jahre im Dialog. [Katalog der] Ausstellung im Alten Museum [Berlin/Ost]. Zum 90. Geburtstag von John Heartfield. Ausstellung und Katalog: Roland März. 1981.

John Heartfield. Der Schnitt entlang der Zeit. Selbstzeugnisse, Erinnerungen, Interpretationen. Eine Dokumentation. Herausgegeben und kommentiert von Roland März. Mitarbeit Gertrud Heartfield. Dresden: VEB Verlag der Kunst [1981].

Die Publikationen von Roland März [1981], Eckhard Siepmann [1979] und Michael Töteberg [1978] enthalten ausführliche bibliographische Nachweise, die durch die ›Bibliographischen Kalenderblätter der Berliner Stadtbibliothek‹, 8. Jg. [1966] II, S. 101–104, ergänzt werden können. Auf das Verzeichnis der Veröffentlichungen über Heartfield, die sich seit Erscheinen der Erstausgabe dieses Buches vervielfachten, wurde deshalb verzichtet.

Klaus Staeck

Lebendig wie nie
Ein Nachwort

Über Honoré Daumier schrieb John Heartfield 1937 in der ›Volks-Illustrierten‹ [Prag]: Daumier, lebendig wie nie! Es war die Parteinahme für das unterdrückte Volk, die beide verband. Zwar waren die Personen, die Umstände der Knechtschaft nach hundert Jahren andere und der Faschismus stellte alle bisher bekannt gewordenen Formen der Barbarei in den Schatten. Lebendig geblieben war die Leidenschaft, mit der sich Daumier gegen jede Form von Unterdrückung zur Wehr setzte – für Heartfield 1937 eine Quelle der Kraft im Kampf gegen den Faschismus in seinem Prager Exil am Vorabend der Okkupation der Tschechoslowakei und des Zweiten Weltkrieges.
Gut 40 Jahre danach gehören auch Heartfields Arbeiten zur Geschichte. Mit der Niederlage des Hitler-Faschismus ist aber auch sein Werk keineswegs überholt, inaktuell geworden. Im Gegenteil: gerade in jüngster Zeit hat die Verbreitung seiner Arbeiten wieder zugenommen. Viele seiner Montagen sprechen uns nach Jahrzehnten noch immer unmittelbar an. Und das nicht erst, nachdem immer neue Aktivitäten von alten und neuen Nazis die demokratische Öffentlichkeit beunruhigen.
Nur ein Beispiel aus den letzten Jahren soll diese direkte Wirkung bis in die Gegenwart belegen.
1979 veranstaltete die Stadt Rüsselsheim ein Faschismus-Projekt. In zahlreichen Veranstaltungen sollten vor allem junge Menschen mit historischen Beispielen aus der Zeit des Faschismus bekannt gemacht und vor den Gefahren nationalsozialistischen Gedankengutes gewarnt werden. Dazu gehörte eine kleine, nur wenige Stunden andauernde Ausstellung von Heartfield- und Staeck-Plakaten. Sie war der Auslöser für monatelange harte Auseinandersetzungen, in deren Verlauf die örtliche CDU den sozialdemokratischen Kulturdezernenten und den Leiter der Volkshochschule zu stürzen versuchte und auf Flugblättern alle Haushalte vor den beiden Ausgestellten warnte. Ein Höhepunkt war eine heftige Debatte in der

Stadtverordnetenversammlung, in deren Verlauf ein CDU-Vertreter ein vermeintliches Staeck-Plakat anprangerte, das aber in Wahrheit von Heartfield stammte.
Obwohl zunehmend Heartfields Arbeiten zu den verschiedensten Anlässen nachgedruckt und auch im politischen Tageskampf verwendet werden, bleibt er lebendig vor allem durch die Weiterentwicklung seiner Ideen und Techniken.
Heartfields großes Verdienst besteht darin, Methoden entwickelt zu haben, um die Fotografie als aufklärerische Waffe einzusetzen, mit Mitteln des Bildes und politischen Witzes die wahren Ursachen der Unterdrückung und Verschleierung aufzudecken. Um Massenwirksamkeit zu erreichen, bediente er sich der am weitesten entwickelten Technik. Weiterentwicklung konnte und kann deshalb nie sklavische Nachahmung bedeuten. Wer auf veränderte politische und ökonomische Rahmenbedingungen mit immer denselben, unveränderten Mitteln reagiert, macht aus Heartfields revolutionärer Technik eine konventionelle.
Wer verändernd wirken will, muß sich der gesellschaftlichen Wirklichkeit stellen und sie vor allem kennen. Heartfield selbst hat großen Wert darauf gelegt, daß seine Technik und sein Kunstbegriff unter den Lebensbedingungen einer geschichtlich veränderten gesellschaftlichen Welt verändert werden müssen, um wirksam sein zu können. Die Veränderung betrifft die künstlerische Technik selbst und das Bezugsfeld für eine Massen- und Maschinenkunst in produktiver Aneignung der Nachfolge von Heartfield. Um die gesellschaftliche Produktivkraft einer Massenkunst gesellschaftlich zu entfalten, hatte Heartfield in seine künstlerische Arbeit den maschinellen Herstellungsprozeß in dessen damals am weitesten fortgeschrittener Erscheinung einbezogen. Das ist das Fundament für Heartfields künstlerische Leistung. Dieses Fundament bildet die Bedingung für die Wirkung seiner Kunst. Schon daran allein läßt sich ablesen, was es in Wahrheit heute heißt, Heartfield zu aktualisieren.
Was noch wichtig ist: bis heute ist es nicht gelungen, Heartfield im Museum zu begraben trotz inzwischen vieler Ausstellungen in Museen und vergleichbaren Hallen. Das beliebte Spiel, die Toten gegen die Lebenden auszuspielen, nachdem man letzteren gegenüber den Verstorbenen jede Qualität abspricht, hat nie richtig funktioniert. Der vor Jahren in der ›Frankfurter Allgemeinen Zeitung‹ und anderen Blättern unternommene

Versuch, Th. Th. Heine, Wedekind, Grosz und Heartfield als oppositionelle Künstler der Geschichte zu rühmen, während gleichzeitig meine und meiner Kollegen Arbeiten als Propaganda im Stil von Goebbels bezeichnet wurden, war nie recht erfolgreich. Zwar hat die Bundes-CDU im Herbst 1980 mit einer spektakulären Ausstellung in Bonn noch einmal versucht, den Nachweis zu führen, daß die meisten kritischen Fotomonteure heute Nachfahren des NS-Stürmer seien. Daß ausgerechnet Heartfield als Kronzeuge für diese abenteuerliche These herhalten mußte, spricht für die Unverfrorenheit, mit der hierzulande gelegentlich Geschichte umgelogen werden soll.
John Heartfields Montagen aus Krieg im Frieden sind aktuell geblieben – erschreckend aktuell.

Die Mitarbeiter

Wieland Herzfelde, geboren 1896, Bruder von John Heartfield, Schriftsteller und Verleger. 1916/17 Herausgeber der ›Neuen Jugend‹. 1917 Gründer des Malik-Verlags, der bis 1933 in Berlin und von 1933–38 in Prag arbeitete und der bedeutendste Verlag der progressiven Linken in der Weimarer Republik war. 1944 Gründung des Aurora-Verlags, New York. 1949 Professor für Literaturwissenschaft in Leipzig. Lebt in Berlin [Ost]. Veröffentlichte Gedichte, Prosa und eine Monographie über John Heartfield.

Konrad Farner, geboren 1903, lebte bis zu seinem Tode im Jahre 1974 als freier Wissenschaftler in Thalwil bei Zürich. Studierte Kunstwissenschaft, Philosophie und Geschichte in Frankfurt, Köln und München, Staatswissenschaft und Theologie in Basel. Farner beschäftigte sich in seinen zahlreichen Veröffentlichungen besonders mit dem Verhältnis von Kunst und Gesellschaft und mit der Auseinandersetzung zwischen Christentum und Marxismus.

Heiri Strub, geboren 1916, lebt als freischaffender Graphiker und Redakteur des ›Vorwärts‹ in Basel. Schriftsetzerlehre in Basel, Graphik- und Malereiausbildung. Seit 1945 Illustrator, vor allem von Kinderbüchern, Theaterausstatter. Strub betreute die Ausstellung in Weimar 1962 und die von der Deutschen Akademie der Künste zu Berlin veranstalteten Ausstellungen Heartfields nach 1968.

Friedrich Pfäfflin, geboren 1935, Kustos am Schiller-Nationalmuseum in Marbach. 1955–1975 Verlagsbuchhändler. Veröffentlichungen u. a. über Karl Kraus, Berthold Viertel. Redakteur der ›Nachrichten aus dem Kösel-Verlag‹ [1963–1972] und des ›Marbacher Magazins‹ [1976 ff].

Klaus Staeck, geboren 1938, arbeitet seit 1969 als Rechtsanwalt in Heidelberg. Wurde bekannt durch seine politischen Plakate. Autor und Herausgeber zahlreicher Buchpublikationen.